农村妇女科学素质提升行动科普丛书

农村法律100问

中国农学会　组编

中国农业出版社

编 委 会

本书编写：李　凌　周　晖　王海丽　赵爱国

写给农村姐妹们的知心话

姐妹们：

经过近一年的辛勤工作，“农村妇女科学素质提升行动科普丛书”就要与大家见面了。我们全体工作人员首先向你们致以最诚挚的问候！

“妇女能顶半边天”，但在我国乡村，勤劳勇敢的妇女们顶起的几乎是“整个天”。你们既“主内”，又“主外”；既要生产劳作，又要操持家务；既要照顾老人孩子，又要应对各类问题。看到沉重的担子压在你们瘦弱的肩上，我们真心地想要帮姐妹们一把。

我们知道，你们期盼家庭富裕，家乡发展，环境改善，希望用自己的力量创造美好的新生活。正是针对这一愿望，我们组织有关方面的专家精心编制了这套科普系列读本，为大家提供科学种植、健康养殖、环境保护、妇幼保健、心理健康、法律法规等方面的适用知识、科学理念和实用技术，帮助大家逐步提高科学生产、健康生活和科学发展的素质和能力，把家乡建设得更美好，让生活过得更幸福！

这套科普系列读本图文并茂，通俗易懂，科学简明，务实管用，希望你们能够喜欢。在编创过程中，得到了农业部科技教育司、中国科协科普部、全国妇联妇女发展部的大力支持；中华医学会、北京大学第一医院、农业部管理干部学院、北京农业职业学院、中国科学院心理研究所、中国环境科学学会等单位的有关专家也付出了辛勤的劳动，给予了真诚的帮助。值此谨致谢忱！

希望这套科普丛书能为提高广大农村妇女的科学文化素质略尽绵薄之力！

中国农学会

2014年3月8日

导 读

农村妇女是我国农村一支不可或缺的力量，但由于历史和现实的多种原因，导致农村妇女成为农民这一弱势群体中相对更为弱势的人群，农村姐妹们在生产和生活中的权利容易被忽视，身心经常受到伤害。因此，紧贴农村实际，为农村妇女提供明确的法律指导，帮助姐妹们维护正当的权益，正是我们编写《农村法律100问》的初衷。

这本小册子主要从四方面给予农村姐妹们法律指导：第一部分谈农村住房、宅基地、土地等方面的法律问题，由北京农业职业学院周晖撰写；第二部分从小额贷款、劳动法等角度，重点介绍了取得贷款的机构和途径、外出务工的注意事项和法律保护等法律问题，由北京农业职业学院王海丽撰写；第三部分针对婚姻法、继承法等，介绍了结婚登记的程序以及婚约、离婚、继承权等常见纠纷和对家庭暴力等解决处理办法；第四部分重点介绍了有关刑法、民法、村民自治等法律问题。第三部分、第四部分由北京农业职业学院李凌撰写。

望更多的农村姐妹，通过阅读这本小册子，知法、懂法、遵纪守法，同时学会运用法律的手段，保护自己、家人和乡里乡亲过上平安和谐的好日子。

在编写过程中，北京农家女文化发展中心给出了很好的建议，并提供了最近几年的《农家女》杂志，我们辑录了杂志中的部分案例，借鉴了部分解读。书稿完成后，北京市两高律师事务所赵爱国律师审阅了全稿，并提出了宝贵意见。在此一并表示感谢！

编 者

2014年11月8日

目录

第二章 小额贷款、劳动法

第三章

婚姻法、继承法

债务
离婚
离婚

8:08

第一章　农村住房、宅基地、土地

1. 如何理解宅基地使用权？

案例

甲、乙均为某村村民，2013年5月甲某经该村同意在荒地上建房，同年7月当地镇政府土地管理所审核同意甲建房，并上报县人民政府获得批准。早在2000年乙即在该荒地上栽种树木，但未取得任何手续。村委会同意甲建房即通知乙砍树，乙也想建房，一直不腾地。于是甲以乙侵害其宅基地使用权为由诉至法院，要求乙移去树木。乙辩称自己没有侵害甲的宅基地使用权。请问：乙是否侵害了甲的宅基地使用权？

法律解析

宅基地使用权是指农村集体经济组织的成员依法享有的占有、使用集体所有的土地，在该土地上建造房屋及其他附属物的权利。

宅基地使用权有如下法律特征：

（1）农村和城市郊区的土地，除法律规定属于国家所有的以外，属于集体所有。宅基地使用权是建立在集体所有的土地之上的，因此是一种用益物权。

（2）宅基地使用权主体是农村集体经济组织的村民，而不包括城镇居民。宅基地使用权具有一定的社会福利性质，在农村村民能以非常低廉的价格甚至是无偿获得宅基地，通过分配给农民宅基地，能够有效地保障农民的基本生活居住条件，最终维护农村社会秩序的稳定。因此，必须将宅基地使用权的主体限定为农村集体经济组织的成员。

（3）宅基地使用权只能用于建造农村村民的个人住宅。所谓建造农村村民的个人住宅，是指农村村民所建住房以及与居住生活有关的其他建筑物和设施，如厨房、厕所、院墙、储藏室。

（4）随房屋转移。宅基地的使用权依房屋的合法存在而存在，并随房屋所有权的转移而转移。房屋因合法地继承、赠予、买卖等方式转让时，其使用范围内的宅基地使用权也随之转移。在买卖房屋时，宅基地使用权须经过申请批准后方可随房屋转移。

（5）受法律保护。依法取得的宅基地使用权受国家法律保护，任何单位或者个人不得侵犯。

本案中，乙未履行任何审批手续，即在荒地上栽种树木，是违反我国土地管理法律规定的行为。甲履行了合法的审批手续，取得了该荒地上建房的权利，应予支持。乙应将树木移去。

2. 农村村民申请宅基地的条件有哪些？

法律解析

农村村民申请宅基地必须符合下列条件：

（1）农村村民年龄必须年满十八周岁且符合分家条件。

（2）农村村民建房必须符合土地利用总体规划和土地利用年度计划及村镇建设规划。

（3）农村村民建房必须符合限额标准，具体限额标准由各省、自治区、直辖市下辖的区、县、市制定。农村村民建房应符合该村民所在地人民政府规定的限额标准。

（4）农村村民建房必须“一户一基”。

（5）农村村民在出租、出卖原有的宅基地再申请宅基地的不予批准。

（6）严禁非农户和其他人员在本村购买宅基地。

按照规定，申请农村宅基地的对象为：

(1) 持有本村户口的村民。

(2) 原籍回乡定居的复退军人、干部、华侨、港澳台同胞。

(3) 就地农转非的本村村民。

符合上述条件者可向村委会提出申请。

3. 宅基地是不是可以继承？

案例

章六的叔叔一辈子独身，几个月前去世，章六办理了叔叔的后事。2013年6月，章六拆除了叔叔两间破房，打算在原宅基地上建新房，可镇土地管理所等有关单位出面阻止，章六认为这是叔叔的老宅子，有继承权可以建房。镇土地管理所同志说农村宅基地不可以继承。请问：宅基地可以继承吗？镇土地管理所同志的说法对吗？

法律解析

农村宅基地是不可以作为遗产继承的。章六所涉及的宅基地继承实际上是指宅基地使用权的继承。《中华人民共和国继承法》（以下简称《继承法》）第3条规定：“遗产是公民死亡时遗留的个人合法财产。”可是农村宅基地的使用权不是一般的“财产”，而是“特殊的财产”。因为宅基地使用权具有很强的人身依附性，它必须因具有农村集体经济组织成员资格而取得，因集体经济组织成员资格的失去而失去，不产生在不同农民个体之间的流转，即不可以继承。但是，存在特殊情况，根据“地随房走”的原则，继承人对宅基地上所造房屋的继承将会导致其对宅基地的继承。而章六已经拆除了叔叔的旧房子，因此，章六不能对其宅基地进行继承。

4. 农村村民出卖或出租住房后，可再申请宅基地吗？

案例

甲因迁居到小城镇，遂将其宅基地上的房屋出卖给邻居乙（乙在农村并无宅基地）。几年后甲觉得还是住在农村空气好、食品安全，希望能申请到一新的宅基地使用权，以建一新的住宅。但是土地管理部门驳回了甲的申请。请问：甲有权申请新的宅基地使用权吗？

法律解析

为了保证“居者有其屋”，我国法律对宅基地的转让给予了极为严格的限制。《土地管理法》第62条第4款规定：“农村村民出卖、出租住房后，再申请宅基地的，不予批准。”但法律并不禁止农村村民住房的转让，宅基地上的房屋所有权可以转让，而“地随房走”是我国现行法律的一项基本原则，故法律允许房屋同宅基地使用权的一并转让，只是禁止单独的宅基地使用权的转让。

同时，《中华人民共和国物权法》（以下简称《物权法》）对农民的宅基地使用权的转让采取了严格的限制。宅基地使用权的转让必须符合以下条件：宅基地使用权的受让主体有一定的范围，宅基地使用权只能转让给本集体经济组织的成员，如果转让给村外人员，该受让人必须在本村落户并且符合申请宅基地的条件，且该成员必须符合宅基地使用权的条件，即一户一宅且面积符合规定。宅基地使用权的转让必须同房屋同时转让。转让人不得再申请宅基地使用权。宅基地使用权转让后，应当及时办理变更登记。

农村宅基地不允许买卖，但村民的房屋是可以买卖的，需办理《农村宅基地使用证》变更登记手续。甲和其邻居乙都是村集体组织成员，且买方并无其他宅基地，因此不违反一户一宅的规定。但是，根据《土地管理法》的规定，农村村民出卖、出租住房后，再申请宅基地的，不予批准。甲出卖了自己宅基地上的房屋，也因此失去了申请新的宅基地使用权的权利。因此，建议进城务工的人慎重出卖在农村中的房产，防止再回到农村时无房屋居住。

5. 村民之间买卖房屋在土地方面需要办理什么手续？

法律解析

村民之间买卖房屋在签订合同的同时，还需办理土地方面相应的手续。《中华人民共和国土地管理法实施条例》（以下简称

《土地管理法实施条例》）第6条第1款规定：依法改变土地的所有权、使用权的，因依法转让地上建筑物、构筑物等附着物导致土地使用权转移的，必须向土地所在地的县级以上地方人民政府土地管理部门提出土地变更登记申请，由原土地登记机关依法进行土地所有权、使用权变更登记。土地所有权、使用权的变更，自变更登记之日起生效。

所以，村民之间买卖房屋还需办理农村房屋集体土地使用权证变更的手续。如果没有办理这一手续容易引发纠纷，并且在引发纠纷后，难以获得法律上的保护。

6. 农村房屋没有产权证书可以继承吗？

法律解析

农村的房屋属于私产，依法可以继承。继承的前提是有证据证明房屋属于被继承人。产权证书最有证明力。如果没有产权证，那当事人必须提供其他有效的证据来加以证明。

农村房屋所有权人能够用来证明自己对房屋享有所有权的证书一般是当地县（自治县）或市人民政府土地管理部门颁发的宅基地使用证书。这个证书能够证明被该证书记录的人享有宅基地的使用权。一般来说，不存在将房屋建立在其他人享有使用权的宅基地之上的可能性，所以这个证书同时也能证明被该证书记录的人享有宅基地之上房屋的所有权。

7. 宅基地使用权发生争议按照什么程序解决？

由宅基地使用权的争议双方协商解决

如果双方协商解决不了时，由乡（镇）或县级以上人民政府解决

法律解析

《土地管理法》第16条规定：“土地所有权和使用权争议，由当事人协商解决；协商不成的由人民政府处理。单位之间的争议，由县级以上人民政府处理；个人之间、个人与单位之间

的争议，由乡级人民政府或者县级以上人民政府处理。当事人对有关人民政府处理决定不服的，可以自接到处理决定通知之日起30日内，向人民法院起诉。”这一规定，明确了宅基地使用权发生争议的解决方式、程序：第一种方式，由宅基地使用权的争议双方协商解决。当事人应当本着平等互利、公平合理的原则协商解决。但当事人达成的协议不得违反有关法律法规，不得损害国家、集体和其他公民的合法权益。第二种方式，如果双方协商解决不了时，由乡（镇）或县级以上人民政府解决。这就必须由一方当事人提出处理申请，政府机关受理处理申请后，可以对争议进行调解，调解不成政府相关机关可以依法做出处理决定。第三种方式，提起诉讼。

8. 什么是土地承包经营权？

法律解析

土地承包经营权是指个人、单位通过依法订立承包合同所取得的对集体所有或者国家所有的土地从事种植业、林业、畜牧业、渔业生产经营并获得收益的权利。土地承包经营权具有以下法律特征：

（1）承包经营权的主体可以是本集体经济组织的成员，也可以是本集体经济组织以外的单位或个人。

（2）土地承包经营权是根据发包人和承包人依法订立承包合同而产生。当事人双方的权利和义务由承包合同确定。

（3）承包经营的客体是土地，包括种植业用地、林业用地、畜牧业用地和渔业用地。

（4）承包经营的内容以使用和收益为主，是以土地为基础从事农业生产经营活动并获取收益的权利。

9. 土地承包方有哪些权利？

法律解析

《中华人民共和国农村土地承包法》（以下简称《农村土地承包法》）规定，承包方享有的权利有：

（1）依法享有承包地使用、收益和土地承包经营权流转的权利，有权自主组织生产经营和处置产品。

由于我国目前存在地方政府通过种种手段干预农民自主承包权利的现象，如乱集资、乱摊派等，因此这些权利对承包方具有非常重要的意义。

（2）承包地被依法征用、占用的，有权依法获得相应的补偿。

（3）法律、行政法规规定的其他权利。

10. 土地承包方有哪些义务？

法律解析

我国《农村土地承包法》规定，承包方承担下列义务：

（1）维持土地的农业用途，不得用于非农建设。

（2）依法保护和合理利用土地，不得给土地造成永久性损害。

承包方还应当承担其他法律、行政法规责任，如《土地管理法》《中华人民共和国农业法》《中华人民共和国草原法》等规定的义务。

（3）法律、行政法规规定的其他义务。

11. 妇女在农村土地承包、征收等方面享有与男子平等的权利吗？

案例

李某某是响水河村的农村妇女，她到男方家落户已近20年，孩子16岁，在该村征地款内部分配开会时决议，凡属落户的家庭，不论一家三口还是四口，只计算一个人的分配指标，该村有好多家属于这样的情况。请问：农村土地承包中妇女有些什么样的权利？

法律解析

农村妇女在农村土地承包中的权利，主要体现在以下几个方面：

（1）作为农村集体经济组织的成员，妇女同男子一样有权承包本集体经济组织发包的土地。农村妇女，从一出生时起，就是农村集体经济组织的成员。本集体经济组织在发包土地时，应当按照家庭人口数额不论男女来确定承包土地的份额。不能因为是妇女而不许其承包土地，也不能因为是妇女而不分配给其应有的承包地份额。

（2）妇女结婚后，其承包土地的权利受法律保护。在现实中，农村妇女结婚后往往在男方家落户。有的情况下，男方家是属于另外一个农村集体经济组织的，该妇女在新居住地如果未获得承包土地，其从原集体经济组织获得的承包土地，发包方不得收回。

（3）在妇女离婚或者丧偶的情况下，仍在原居住地生活，或者不在原居住地生活但在新居住地未取得承包地的，原集体经济组织不得收回该妇女已经取得的原承包地。

对非法剥夺、侵害农村妇女依法享有的土地承包经营权的，受侵害的妇女可以向发包方，如村集体经济组织、村委会或者村民小组主张自己的权利。还可以向农村土地承包仲裁机构申请仲裁，也可以直接向人民法院起诉，要求侵权方承担停止侵害、恢复原状、排除妨害、赔偿损失等民事责任，以维护自己承包土地的合法权益。

12. 如何在农村土地承包经营权确权登记颁证工作中维护妇女的权益？

法律解析

2014年中央1号文件对深化农村土地制度改革做出了明确规定，要求抓紧抓实农村土地承包经营权确权登记颁证工作，特别是要切实维护妇女的土地承包权益。为此，建议在确权登记颁证工作中把女性家庭成员的名字体现在土地承包经营权证上，可在共有人栏内以及承包方代表人栏内体现女性名字，为保护农村妇女的土地经营承包权提供依据。

13. 为什么耕地与草地、林地的承包期限不同?

案例

马平是某省一位农民，想承包30亩草地，发现草地和林地承包期不一样，不太理解法律为何规定的不一样。

法律解析

《农村土地承包法》第20条对草地和林地的承包期，分别作了不同的规定。耕地的承包期限为30年，草地的承包期限为30～50年，林地的承包期限为30～70年，种植特殊林木的林地，经国务院行政主管部门批准，承包期还可以延长。

之所以做出这种区分，主要是考虑到不同性质土地的投资收益期限差别较大。一般来说，在耕地上进行投资见效比较快，大多数情况下，当年投入当年就能取得收益。草地的投资需要数年时间才能取得收益，一般能够持续多年获得收益。有的林木的生长期长达七八十年，在幼树成长阶段基本没有收益，必须规定更长的承包期，才能更好地保护承包方的收益权，调动承包方植树造林的积极性。

法律规定的承包期限是法定期限，不得随意改变。

14. 发包方能否在承包期内对承包土地重新调整?

案例

某省某乡龙江村10年前土地重新承包过一次。10年来，龙江村许多农民出外务工，同时也有许多女子出嫁到外村，龙江村人口变动很大。有的农户人多地少，有的农户人少地多，土地荒置的也有。因此，村民中存在一些不满的声音，村委会发出通知书要求对现有土地重新承包一次，不知这样做是否可行？

法律解析

由于土地的承包期限比较长，如耕地的承包期限为30年，草地的承包期限可长达50年。在这么长的时间内，会有许多偶然的无法预料的情况发生。同时由于我国现今经济发展速度较快，农村发生很大变化。如完全不允许在承包期内调整承包的土地，会无法处理一些特殊情况。因此，在特殊情况下，应当允许在承包期内对土地作适当调整。这些特殊情况包括：因自然灾害严重损坏承包土地；部分农户的土地被征收或者用于乡村公共设施和公益事业建设，丧失土地的农户不愿意“农转非”，不要征地补偿费用，而要求继续承包土地；人地矛盾比较突出等。虽然特殊情况不能一一列举，但必须严格解释，不能以特殊情况作为借口随便调整承包的土地。

因此，在本案中，不属于可以适当调整的情况，龙江村村委会不得重新调整土地承包。

15. 全家迁入县级市市区落户的，必须交回承包的土地吗？

案例

陈某是某乡安真村一农民，由于子女全部已经工作，经济比较宽裕，因此全家迁入附近的县城居住。村里有人认为，陈某应当交回土地承包经营权，让那些经济困难的农户承包他的土地。请问：全家迁入县级市市区落户的，必须交回承包的土地吗？

法律解析

加快小城镇发展是我国政府的一项政策，目的是避免农村富余劳动力盲目向大城市流动。如果农户迁入小城镇后失去土地承包经营权，将会影响农民进入小城镇的积极性，使其产生后顾之忧。并且，由于我国目前社会保障制度还不完善，如果进入小城镇居住的农户失去土地承包经营权，将有可能失去生活来源。因此，我国《农村土地承包法》规定，承包期内，承包方全家迁入小城镇落户的，应当按照承包方的意愿，保留其土地承包经营权或者允许其依法进行土地承包经营权流转。这里的“小城镇”包括县级市市区、县人民政府驻地镇和其他建制镇。因此，虽然在本案中，陈某的经济条件比较宽裕，但由于缺乏社会保障，并且法律已做出明确规定，因此陈某的土地承包经营权不应当被收回，而是应当尊重陈某的意愿。他可以交回，也可以保留或转让。

16. 土地承包合同的撤销权应当在多长时间内行使?

案例

郑某是胜利村的村民，2012年他在乡干部的胁迫下签订了土地承包合同，之后他一直想反悔。请问：他怎样才能撤销这份土地承包合同呢?

法律解析

《中华人民共和国合同法》（以下简称《合同法》）规定：下列合同，当事人一方有权请求人民法院或者仲裁机构变更或者撤销。

（1）因重大误解订立的。

（2）在订立合同时显失公平的。一方以欺诈、胁迫的手段或者乘人之危，使对方在违背真实意思的情况下订立的合同，受损害方有权请求人民法院或者仲裁机构变更或者撤销。撤销权是一种权利，合同撤销后会产生合同自始无效的后果。因此，如果法律不规定一个确定的期限，当事人长期不行使撤销权，会导致合同长期处于不稳定的状态。

我国《合同法》第55条规定了两种撤销权消灭的情况。

（1）具有撤销权的当事人自知道或者应当知道撤销事由之日起一年没有行使撤销权。

（2）具有撤销权的当事人知道撤销事由后明确表示或者以自己的行为放弃撤销权。

因此，在本案中，郑某应当在合同被胁迫签订的一年内向人民法院或仲裁机构请求撤销他的土地承包合同。

17. 征用土地有哪些程序？

法律解析

（1）拟定征用土地方案。征用土地方案由拟征用土地所在地县、市人民政府或其土地行政主管部门拟定。其中征用城镇土地利用总体规划确定的城市建设用地内统一规划、统一开发的土地，由县、市人民政府根据土地利用计划和对建设用地的需求情况拟定，城市建设用地外能源、交通、水利、军事设施等按建设项目实施征地的，由县、市人民政府土地行政主管部门根据建设单位或建设主管部门的建设用地申请拟定。征用土地方案，包括征用土地的目的及用途，征用土地的范围、地类、面积、地上附着物的种类及数量，征用土地及地上附着物和青苗的补偿，劳动力安置途径，原土地的所有权人及使用权人情况等。

（2）审查报批。征用土地方案拟定后，由县、市人民政府按照《土地管理法》规定的批准权限，经土地行政主管部门审查后，报人民政府批准。其中征用农用地，农用地转用批准权属国务院的，由国务院批准农用地转用；农用地转用和征用批准权属于省级人民政府的，省级人民政府同时批准农用地转用和征用；农用地转用批准权属于省级人民政府，而征用土地审批权属于国务院的，先办理农用地转用审批，后报国务院批准征用土地。

（3）征用土地方案公告。征用土地依法定程序批准后，由县级以上人民政府在当地予以公告。被征用土地的所有权人和使用权人应当在公告规定期限内，持土地权属证书到当地人民政府土地行政主管部门办理征地补偿登记。

（4）制定征地补偿、安置方案。县、市人民政府土地行政主管部门根据批准的征用土地方案对土地所有权人、使用权人及地上附着物等进行进一步核实，制定征地补偿、人员安置及地上附着物拆迁等具体的方案。

（5）公告征地补偿、安置方案并组织实施。征用土地的补偿和人员安置方案确定后，有关地方人民政府应当予以公告，并听取被征地的农村集体经济组织和农民的意见，对征地补偿和人员安置方案进行修改和补充，并向被征地单位和农民支付有关费用，落实人员安置及地上附着物拆迁方案。

（6）清理土地和实施征用土地。征用土地补偿和人员安置方案实施后，县、市人民政府土地行政主管部门组织有关单位对被征用的土地进行清理，并组织实施征用土地和供地。

征用土地程序流程图

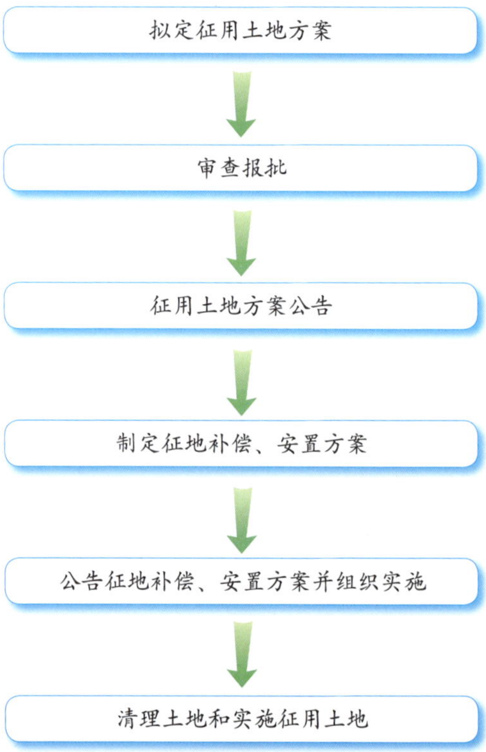

18. 在土地征收中，如何确定农村房屋的补偿标准？

法律解析

在确定农村房屋的拆迁补偿安置时，要注意以下3点：

（1）房屋补偿安置只对合法用房进行补偿安置，拆除违章建筑和超过批准期限的临时建筑，不予补偿。拆迁信息公告后，在原有房屋内外部添加的部分不能得到拆迁补偿。

（2）房屋拆迁的补偿，无论是采取货币补偿的方式还是实行房屋产权调换，都需根据被拆迁房屋的区位、用途、建筑面积等因素，以房地产市场评估为基础确定。

（3）过渡期应当符合规定，拆迁人不得擅自延长；如延长过渡期，应承担增加安置补偿费的义务。

19. 农村集体土地征收，征地补偿费应支付给谁？

法律解析

按照国家有关法律法规的规定，国家在征用农村集体经济组织的土地时，土地补偿费应由征地单位直接支付给被征地方，即农村集体经济组织，由农村集体经济组织所有，而不能直接支付给村民个人。通常情况下，土地补偿费会由代表农村集体经济组织的村委会或者村经济合作社管理，如何支配由农村集体经济组织依照法定程序决定。因此，被征地的村民个人无权直接向征地单位要求支付或者分配土地补偿费。

20. 农村集体经济组织怎样分配土地补偿费？

法律解析

土地补偿费是国家征收了村集体所有的土地后向村集体组织支付的用于发展再生产的款项，按照以前的政策，土地补偿费是不能私分的，而应全部用来发展再生产。

农村集体经济组织应按照什么程序分配土地补偿款呢？《中华人民共和国村民委员会组织法》第19条第（三）项规定："涉及村民利益的下列事项，村民委员会必须提请村民会议讨论决定，方可办理。"土地补偿费属于村集体经济所得收益的一种，因此，农村集体经济组织要分配土地补偿费须提请村民会议讨论决定。

《中华人民共和国村民委员会组织法》第17条第二款规定："召开村民会议，应当有本村18周岁以上村民的过半数参加，或

者本村三分之二以上户的代表参加，所做决定应当经到会人员的过半数通过。”

分配土地补偿费，须按照法定的程序召开村民大会，由村民大会讨论通过分配方案，然后按照分配方案进行分配。

但应注意的是，如果村民会议或村民代表会议讨论决定的土地补偿费分配方案，侵害了个别村民的应得合法利益，则是不允许的。村民会议或者村民代表大会决定的事项虽然符合法定的程序，但如果决定结果与宪法、法律、法规或者国家的政策相抵触，侵害了其他村民的合法利益，可以通过其他途径解决。

21. 如何保障村民对征地补偿安置方案的知情权？

案例

邱某是某乡四合村一农民，2013年国家征用他承包的土地用于建设大学园。他想知道政府如何对他们进行补偿或安置。请问：他有权获知政府的补偿安置方案吗？

法律解析

政府在做出补偿、安置方案时，应当充分考虑农民的意见，这样有利于社会的稳定。同时应做出公平的补偿，不能侵犯农民的财产权。我国《土地管理法》第48条明确规定：“征地补偿安置方案确定后，有关地方人民政府应当公告，并听取被征地的农村集体经济组织和农民的意见。”

《征用土地公告办法》第14条第2款规定：“未依法进行征地补偿、安置方案公告的，被征地农村集体经济组织、农村村民或者其他权利人有权依法要求公告，有权拒绝办理征地补偿、安置手续。”

因此，在本案中，邱某有权知道国家征用其土地的安置、补偿方案。

22. 征用耕地的补偿费用包括哪些？

案例

蔡某是某省某乡三星村的农民，今年他承包的耕地被政府征用用于码头建设，现在蔡某最关心的是他承包的土地应获得什么样的补偿？请问：征用耕地的补偿费用包括哪些？

法律解析

我国《土地管理法》第47条规定，征用耕地的补偿费用包括土地补偿费、安置补助费以及地上附着物和青苗的补偿费。

（1）征用耕地的土地补偿费，为该耕地被征用前3年平均年产值的6～10倍。

（2）征用耕地的安置补助费，按照需要安置的农业人口数计算。需要安置的农业人口数，按照被征用的耕地数量除以征用单位平均每人占有耕地的数量计算。每一个需要安置的农业人口的安置补助费标准，为该耕地被征用前3年平均年产值的4～6倍。但是，每公顷被征用耕地的安置补助费，最高不得超过被征用前3年平均年产值的15倍。

（3）被征用土地上的附着物和青苗的补偿标准，由省、自治区、直辖市规定。依照上文规定支付土地补偿费和安置补助费，尚不能使需要安置的农民保持原有生活水平的，经省、自治区、直辖市人民政府批准，可以增加安置补助费。

（4）但是，土地补偿费和安置补助费的总和不得超过土地被征用前3年平均年产值的30倍。国务院根据社会、经济发展水平，在特殊情况下，可以提高征用耕地的土地补偿费和安置补助费的标准。

23. 地上附着物补偿费如何计算？

法律解析

地上附着物补偿费是包括地上的各种建筑物、构筑物，如房屋、水井、道路、管线、水渠等的拆迁和恢复费用及被征用土地上林木的补偿或砍伐费等。其具体标准由各省、自治区、直辖市规定。

计算地上附着物补偿费，按照拆什么补偿什么，拆多少补偿多少，并且不低于原有水平为原则。各省、自治区、直辖市根据当地建筑材料、劳动力和运输等费用，按各类建筑物和构筑物的等级和结构进行测算，制定符合当地物价水平的地上附着物补偿标准。林木补偿费按树木的大小进行补偿，如已成材的，可以由原所有者砍伐，但不再支付林木补偿费而发给砍伐费。果树、经济林等则根据投入情况予以补偿。

24. 征地的时候，青苗补偿费如何计算？

案例

江苏省某市农村一年种植两季作物，冬麦和玉米各一季，每亩年产值为2 400元。某市政府于5月3日发布征收土地公告，需要清除冬小麦，问青苗补偿费应是多少元？

法律解析

青苗补偿费是指农作物正处于生长期未能收获，因征用土地需要及时让出土地，致使农作物不能收获而给农民造成损失，所给予土地承包经营者或土地使用者的经济补偿。青苗补偿费的标准，一般农作物最高按一季产值计算，如果是播种不久或投入较少，也可以按一季产值的一定比例计算。青苗补偿费的具体标准由各省、自治区、直辖市政府规定并公告。

征地青苗补偿费计算公式：

青苗补偿费＝年产值÷耕种季数

依据上面公式得知：

青苗补偿费＝年产值2400元÷耕种季数2＝1200元

应按1 200元/亩给予种植户补偿。

25. 农民收养的子女是否可以参与征地补偿费的分配？

法律解析

农民收养的子女只要依据《中华人民共和国收养法》的规定在民政部门办理了相关手续，并且已在当地农村集体经济组织落户，这说明他（她）已经是该农村集体经济组织的成员。因此，即使暂时没有承包土地（因为虽然每个村村民都享有平等承包土地的权利，但是由于村民承包土地都签订了土地承包合同，国家法律规定为30年，所以经常是村里增加了人口但已经没有地可分了，所以并非村里所有的村民都承包了土地），也应与村民等额分配。如果农村集体经济组织剥夺了分配土地补偿费的权利，这是不对的。

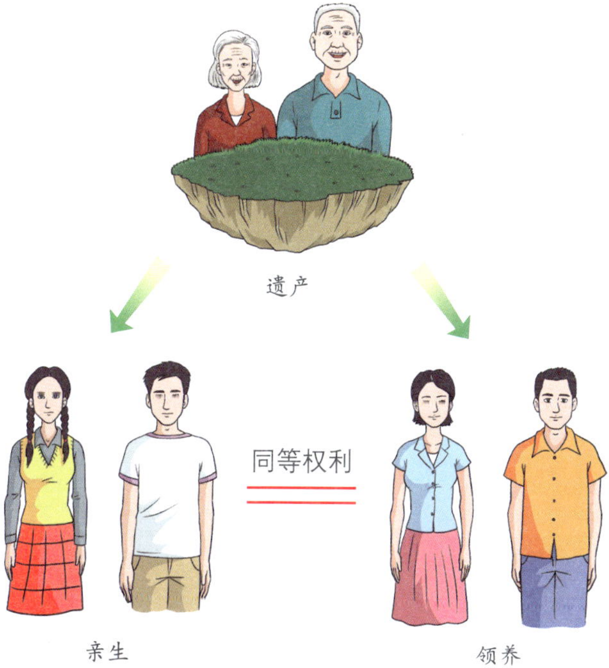

26. 进城务工人员是否参与征地补偿费的分配？

法律解析

进城务工只是为了挣钱弥补生产和生活所需而暂时离开村集体经济组织，属于勤劳致富的流动人口，这是应该鼓励的。进城务工人员离开乡村来到城镇这并不意味着他们放弃村集体经济组织各种收益权益的分配，不能取消地权和村民待遇，停止收益分配，他们有权与其他村民一样享有征地补偿费的分配。

但进城务工人员如果考取了公务员不应再分配。这是因为，如果考取了公务员其已经不再是农业户口了，享有稳定的经济收入以及各种社会保障制度，再参与村集体经济组织收益的分配显然与我国相关政策相矛盾。

如果进城务工人员被正式招工录用为其他人员或成为非公有制经济组织的法人代表，并具有稳定可观的经济收入及住宅条件，无需依赖土地的，这种情况不予分配也是可以的。

27. 出嫁女是否有权参与原所在村集体经济组织的土地补偿款分配？

案例

小红为某省某乡三星村的农民，本人嫁入的村集体经济组织没有承包土地，也没有享有嫁入村集体经济组织收益的分配；现原所在村集体经济组织的土地补偿款不给予分配，理由是小红已出嫁。请问：小红是否有权参与原所在村集体经济组织的土地补偿款分配？

法律解析

根据具体的情况进行确定：

（1）出嫁女已嫁出本村集体经济组织，其户籍尚未迁出的，但如果在嫁入的村集体经济组织已经承包了土地，或者从其他各方面已经有了其后来所在村集体经济组织收益的分配，那么就不能参与分配原集体经济组织的征地补偿费，这是因为不能双重受益。

（2）如果出嫁女虽已嫁出本村集体经济组织，但户籍尚未迁出，且在嫁入的村集体经济组织没有承包土地，也不享有后来的村集体经济组织收益的分配，可以认定其仍然是原集体经济组织的成员，应享有与其原集体经济组织成员同等的待遇。在这种情况下，户籍所在的村集体经济组织不能任意剥夺出嫁女参与分配征地补偿款的权利。

28. 义务兵是否享有征地补偿款分配权？

法律解析

依照法律的规定，我国公民达到了法定年龄都有服兵役的义务。农民服兵役只是暂时离开了村集体组织，从法律关系上看，农民服兵役暂时离开农村并未脱离村集体组织，其依然是村集体经济组织成员。因此，凡现在部队服兵役的农业户口义务兵，均享有村民同等待遇。赋予正在服兵役的农民同等享有参与分配征地补偿费的权利，一方面是政策的需要，另一方面是鼓励农民服兵役以及稳定正在部队服兵役农民的新需要。

但是，如果在部队已提干的人员和已转变为士官的，不能再享有村民同等待遇。因为如果在部队已经提升干部或者已由义务兵转变为士官，其性质已发生了变化。

29. 村民能否监督村委会对征地补偿费用的收支状况？

案例

邓某是北京市某区某村一农民，2011年他们村的土地包括他承包的大片土地被国家征收，土地补偿费用最后被拨到村里，由村委会统一收支。为了防止征用土地的补偿费用被贪污、浪费或者不合理、不公平地支出，他建议村委会将补偿费用的收支状况公开。请问：他有权利这样做吗？

法律解析

土地补偿费用的收支直接影响到农民的切身利益。有些费用是直接补偿给农民个人的；有些费用由村委会或集体经济组织统一收支，但由于农村土地归农民集体所有，补偿费也归农民集体所有，村委会或集体经济组织只不过是作为集体农民的委托人而已，因此农民有权监督土地征收补偿费用的收支。我国《土地管理法》也明确规定，被征地的农村集体经济组织应当将征用土地的补偿费用的收支状况向本村集体经济组织的成员公布，接受监督。

《征用土地公告办法》第12条规定："有关市、县人民政府土地行政主管部门将征地补偿、安置费用拨付给被征地农村集体经济组织后，有权要求该农村集体经济组织在一定时限内提供支付清单。市、县人民政府土地行政主管部门有权督促有关农村集体经济组织将征地补偿、安置费用收支状况向本集体经济组织成员予以公布，以便被征地农村集体经济组织、农村村民或者其他权利人查询和监督。"

30. 农村土地承包经营权流转需要遵守哪些原则？

法律解析

农村土地承包经营权流转需要遵守五个原则：

（1）平等协商、自愿有偿的原则。平等是指土地承包经营权流转的双方当事人的法律地位平等。自愿是指土地承包经营权的流转必须出于双方当事人完全自愿，流转方不得强迫受流转方必须接受土地承包经营权流转，受流转方也不能强迫流转方必须将土地承包经营权流转。有偿是指土地承包经营权的流转是等价有偿的，应当体现公平原则。有偿原则并不排斥土地承包经营权在某些时候的无偿流转。土地承包经营权的具体事宜应当由双方当事人协商，任何组织和个人不得强迫或者阻碍土地承包经营权流转。

（2）不得改变土地所有权的性质和土地的农业用途的原则。

（3）流转的期限不得超过承包期的剩余期限的原则。流转方原承包的土地是有期限的，在进行土地流转时，流转期限不得超过原土地承包经营权的剩余年限。

31. 土地承包经营权转让后能改变土地的农业用途吗？

案例

张某与刘某同为某市某区农民，2012年1月，两人签订农村土地转让协议约定：张某将其原承包的2.78亩责任田转让给刘某从事瓷砖生产。2013年1月，刘某与他人在上述土地上开始从事瓷砖生产经营。该土地所在农村集体经济组织表示反对，认为刘某擅自改变土地性质，严重破坏了耕地，要求退还责任田。刘某不同意退还，双方发生纠纷。请问：土地承包经营权转让后能改变土地的农业用途吗？

法律解析

《农村土地承包法》明确规定，土地承包经营权转让不能改变土地的农业用途。如果受让人与承包户在合同中的约定改变土地的农业用途，是无效的。乡（镇）人民政府农村经营管理部门受理变更申请后，不会允许双方进行土地承包经营权转让，县级土地管理部门也不会进行变更登记。如果受让人在取得土地承包经营权以后，私自对土地用途进行改变，将会受到有关部门的处罚，并且有可能被收回土地。

人民法院审理认为，刘某改变土地原有的农业用途，从事瓷砖生产经营活动，未经农村集体经济组织和有关批准机关同意，违反了土地管理的规定，因此判决刘某停止侵害、恢复原状、赔偿损失。

32. 农村土地承包经营权流转收益归谁？

案例

小张与小刘同为某省某区农民，2013年5月，两人签订农村土地转让协议约定：小张将其原承包的5.3亩责任田转让给小刘种植蔬菜。收获季节获得利润30 000元，小张有点眼红。请问：产生的收益归谁？

法律解析

《农村土地承包法》第36条规定：土地承包经营权流转的转包费、租金、转让费等，应当由当事人双方协商确定。流转的收益归承包方所有，任何组织个人不得擅自截留、扣缴。

土地承包经营权流转的流转费，包括转包的转包费、出租的租金、出让的价金，具体数额应当由流转方和受流转方在流转合同中协商确定。双方商定的流转费归流转方所有。

33. 在进行土地承包经营权流转时，本村村民是否享有优先权？

案例

小王想流转自家的承包的土地给外村的胡为，同村的章京想让小王流转给自己。请问：章京有优先权吗？

法律解析

根据《农村土地承包法》规定，土地承包经营权流转时，在同等条件下，本集体经济组织成员享有优先权。最高人民法院《关于审理涉及农村土地承包纠纷案件适用法律问题的解释》也规定，在土地承包经营权流转中，在流转价款、流转期限等主要内容相同的条件下，本集体经济组织成员可以主张优先权。

34. 村委会能不能拍卖土地？

案例

某省某市某镇宋庄村委会几经研究决定出卖村里土地偿还债务，村委会主任王某认为土地是集体所有，卖地所得也是还集体的债，只要是村委会集体决定卖地，当然可以卖。于是，王某召开村委会会议，决定：将本村11亩多耕地划分为40余处建房用地，拍卖土地使用权，期限是20年。拍得的钱用于还债。村里聘请拍卖师，在全村召开了拍卖会。大多数村民参加了此次拍卖会，不少村民还踊跃购买土地，打算扩建住宅。当天，就卖出建房用地38处，交易额达107万元。

市国土资源局调查核实认为，宋庄村村委会的行为涉嫌犯罪，遂依法将此案移送司法机关。法院经过审理做出判决：被告单位某镇宋庄村村委会犯非法转让土地使用权

罪，判处罚金5万元。王某犯非法转让土地使用权罪，判处拘役6个月，缓刑6个月，并处罚金5万元。

法律解析

我国对土地用途做了非常明确而严格的规定。《土地管理法》第4条规定，国家实行土地用途管制制度，规定土地用途，严格限制农用地转为建设用地，对耕地实行特殊保护。《土地管理法》第63条规定，农民集体所有的土地的使用权不得出让、转让或者出租用于非农业建设。我国《刑法》第228条也将“以牟利为目的，违反土地管理法规，非法转让、倒卖土地使用权，情节严重的行为”明确规定为犯罪。而宋庄村非法转让、倒卖基本农田以外的耕地11.42亩，已经构成“情节严重”，必须加以刑事处罚。由此可见，农村土地虽然属于村集体所有，但村委会只能在不改变土地用途并征得村集体同意的前提下，在村集体经济组织内部，对土地使用权进行流转。村委会、村民大会都无权超越法律规定，自由处置村集体土地。

35. 承包方一家整体消亡的，承包合同是否应该终止？

案例

小胡与本村的李大爷签订了土地流转合同，2011年李大爷一家出车祸，全家不幸去世，李大爷与小胡签订的土地流转合同还差3年到期。小胡作为受让方，能否继续履行土地流转合同至期满？

法律解析

承包方整体消亡后，所引起的法律后果是合同终止。

家庭整体消亡绝户时，其承包的土地不允许继承的，应由集体经济组织收回后重新分配。小胡的担心有道理，流转合同应当终止。

36. 能占用他人承包土地修建坟墓吗？

案例

某省某县迷克村将集体所有的村边山上1亩左右的一块地分配给本村卢大成耕种。2012年1月23日早上卢大成到地里时发现，有人私自在地里做了安坟记号，八角树也被砍掉一棵。记号是本村的高普一家做的，准备埋葬其父亲，当天下午至25日卢大成多次派人找高普，阻止他家建坟墓。同时，还及时向县国土资源局、林业局和大兴镇人民政府等相关部门反映解决。高普以该地是高普家祖坟地、以前也曾在此地里迁埋两宗坟墓为由，强行将其父埋葬在卢大成的承包地里。卢大成认为高普的行为侵犯了其土地承包经营权，请求法院判令高普将其父亲的坟墓迁离卢大成家承包地，恢复土地原状，并责令高普赔礼道歉，赔偿经济损失1 500元（误工费1 000元、林木毁坏费500元）。请问：能占用他人承包土地修建坟墓吗？

法律解析

死者埋葬的土地属于承包土地，占用他人享有的承包经营权，实属侵权行为。《农村土地承包法》第9条规定："国家保护承包方的土地经营权"。《土地管理法》第13条规定："土地所有权和使用权受法律保护，任何单位和个人不得侵犯"；第14条规定："土地的承包经营权受法律保护"。被告在未取得土地使用权，也未经原告同意的情况下，擅自将其父殡葬于原告的承包地内，其行为违反了国务院《关于殡葬管理的暂行规定》，即禁止占用耕地（包括个人耕地和自留地）作墓地的规定；违反了《农村土地承包法》国家保护承包方的土地经营权的规定，侵犯了原告的合法权益，构成侵权，应承担相应的民事法律责任。

原告请求法院判令被告迁移其父亲坟墓、要求赔礼道歉及赔偿八角树经济损失的诉讼请求有事实和法律依据，应予以支持。原告请求法院判令被告赔偿误工费的诉讼请求，因没有证据证明自己的主张，法院不予采信。被告认为争议地虽属原告的承包耕地，但按民族风俗已成为自家的墓地，其父病逝后，将父亲殡葬在老祖坟旁是理所当然的事，不同意迁移，请求法院驳回原告的诉讼请求等辩驳理由，没有事实和法律根据，法院不予支持。

37. 在自己的宅基地上建房想盖多高都行吗？

案例

甲与乙两家系前后邻居，乙住甲北面，两家房距6米。甲后来在乙家外出打工的时候翻盖房屋，在原来的宅基地上建两层10米高的楼房，他认为在自己的宅基地上建房，想盖多高盖多高，就是“天王老子也别想管我！”甲的做法对吗？

法律解析

我国《民法通则》第83条规定："不动产相邻各方，应按照有利生产、方便生活、团结协助、公平合理的精神，正确处理截水、通风、通行、采光等方面的相邻关系。给相邻方造成损失的，应停止侵害，排除妨碍，赔偿损失。"甲在自己的宅基地上建房是合法的，但他在行使权利时，超出了法律规定的范围，违反了相邻关系的原则，侵害了乙房子采光的正常权益，甲的行为属于民事侵权性质。如果乙与甲协商解决不成，可以直接向法院起诉甲，要求甲承担相应的侵权责任。

38. 土地承包合同中的相邻权纠纷应如何处理?

案例

王家与孙家均是某省某县双木村第二村民小组的村民，村里进行第二轮土地承包时，两家所包土地相邻。孙家四口人共承包4.4亩土地，王家一人承包1.1亩土地。两家土地在一块400多亩的大田中间，耕地南邻公路，北接一条用于灌溉的河。王家后承包的这块地，因三面是别人的，一面是河，进出无路。所以，他只能跟着孙家干活，否则就要出问题，比如孙家耕完地后，王家去耕自己的地，就要开拖拉机从孙家地上压过，使孙家得重新耕一次。而庄稼长出来后，由于王家经常行走，使孙家某一垄地庄稼受到严重破坏。时间长了，两家便因此伤了和气，以至于孙家不让王家再通过自己的土地。王家十分气愤，当孙家用河水浇地时，王家便不让孙家使用自己的垄沟浇地。实际两家浇地用同一垄沟，但该垄沟必须通过王家的土地。由于王家不相让，孙家找到村委会解决，没有结果。便告到了县人民法院。请问：土地承包合同中的相邻权纠纷应如何处理?

法律解析

相邻通行权是指一方因建筑物别无其他通道，或者土地在邻人的土地包围之中，有通过邻地的权利。法律设立通行权的目的是为调节相邻不动产所有人或使用人相互间对土地的利用，而对相邻不动产权利的行使加以某种程度的限制，从而使邻地所有人或使用人充分发挥其对土地的效用。

按《最高人民法院关于贯彻执行〈中华人民共和国民法通

则〉若干问题的意见（试行）》第100条规定："一方必须在相邻一方使用的土地上通行的，应当予以准许，因此造成损失的，应当给予适当补偿。"最高人民法院的司法解释中的"必须"应理解为"必要"，只要是其必要通行邻地，就应确认其享有通行权，另一方对此应当容忍。造成损失的要依法赔偿。不能因为王家只有1.1亩承包地而剥夺其通行权，也不能因为保护通行权而使孙家的土地遭受损失。如果不让王家通行孙家土地，其步行到地里都有困难，更不用说使用拖拉机，所以，应允许王家通行孙家承包的土地。而如果因此造成孙家的损失，应由王家赔偿。人民法院依法判决王家享有孙家承包土地的通行权，因通行给孙家造成的损失由王家承担。

39. 处理农村土地承包纠纷，一般的流程包括哪些阶段？有哪些解决途径和方式？

法律解析

农村土地承包纠纷是指土地承包方与发包方之间在履行承包合同、承包经营权流转或继承以及侵犯承包经营权等方面发生的民事纠纷。《农村土地承包法》第51条规定：“因土地承包经营发生纠纷的，双方当事人可以协商解决，也可以请求村民委员会、乡（镇）人民政府等调解解决。当事人不愿协商、调解或者协商、调解不成的，可以向农村土地承包仲裁机构申请仲裁，也可以直接向人民法院起诉。”第52条规定：“当事人对农村土地承包仲裁机构的仲裁裁决不服的，可以在收到裁决书之日起三十日内向人民法院起诉。逾期不起诉的，裁决书即发生法律效力。”

从以上两条规定看，遇到土地承包经营权纠纷，可以通过协商、调解、仲裁、诉讼的方式解决。其中，调解协议、仲裁决定、判决书都是具有法律效力的文书。

第二章　小额贷款、劳动法

40. 如何区分农村信用社、农村合作银行、农村商业银行？

法律解析

农村信用合作社简称“农村信用社”，是指经中国人民银行依法批准设立，由社员（包括入股的农户、信用社职工和农村各类具有法人资格的经济组织）入股组成，实行入股社员民主管理，主要为入股社员提供金融服务的农村合作金融组织机构。农村信用社是独立的企业法人。目前，农村信用社是农村金融的主力军。农村信用社是中国金融体系的重要组成部分，其主要任务是筹集农村闲散资金，为农业、农民和农村经济发展提供金融服务。同时，组织和调节农村基金，支持农业生产和农村综合发展，支持各种形式的合作经济和社员家庭经济，限制和打击高利贷。

农村合作银行是由辖内农民、农村工商户、企业法人和其他经济组织入股组成的股份合作制社区性地方金融机构，主要以农村信用社和农村信用社县（市）联社为基础组建。农村合作银行是独立的企业法人。按照规定，经中国银行业监督管理委员会批准，农村合作银行可经营《商业银行法》规定的部分或全部业务。农村合作银行在辖区内开展存贷款及其他金融业务，重点面向入股农民，为当地农业和农村经济发展金融服务，农村合作银行应将一定比例的贷款用于支持农民、农业和农村经济发展。同时银行监管机构定期对农村合作银行支农贷款情况进行评价，并可将评价结果作为审批农村合作银行网点增设、新业务开办等申请的参考。

农村商业银行是由辖区内农民、农村工商户、企业法人和其他经济组织共同发起成立的股份制的地方性金融机构。主要以农村信用社和农村信用社县（市）联社为基础组建，为当地农民、农业和农村经济发展提供金融服务，促进城乡经济协调发展。农村商业银行在服务对象上，将一定比例的贷款用于支持农民、农业和农村经济发展。

41. 申请小额贷款需要满足什么条件？

法律解析

申请农户小额信用贷款应满足以下条件：

（1）居住在信用社的营业区域之内；

（2）具有完全民事行为能力，资信良好；

（3）根据我国相关法律规定，具有完全民事行为能力是指年满18周岁，或者虽然未满18周岁，但是年满16周岁，以自己劳动收入为主要生活来源的人，并且精神状况正常；

（4）从事土地耕作或者其他符合国家产业政策的生产经营活动，并有合法、可靠的经济来源；

（5）具备清偿贷款本息的能力。

42. 如何申请小额信用贷款？到农村信用社和小额信贷公司申请有什么不同？

法律解析

如果农户要申请农村信用社小额贷款，首先要向当地农村信用社申请办理贷款证，信用社接到申请后，会对申请人的信用等级进行评定，然后根据评定的等级确定贷款额度，并给申请人颁发贷款证。申请人拿到贷款证后，携带贷款证和身份证到信用社办理贷款。

需要注意的是，农村信用社贷款利率会在央行发布的基准利率上进行浮动，不过浮动范围一般比商业银行浮动的范围要大，但是具体贷款利率还得由信用社根据申请人的实际情况来确定。

如果农户到小额信贷公司申请贷款，首先比到银行申请贷款方便快捷许多。由于小额信贷公司为您办贷款，属于盈利项目，因此，只要资料齐全，小额信贷公司办贷款至少会比到银行办贷款时间减少一半左右。其次，小额信贷公司所能申请到的贷款额度通常较高，因小额信贷公司有自己的防御风险的办法。因此，通常在小额信贷公司所能申请到的额度都比较客观。此外，小额信贷公司申请贷款不容易出差错，需要什么资料，做哪些准备，怎样办贷款，都有专业人士协同一起，比自己一个人盲目办贷款好得多，且只要在正规小额信贷公司办贷款，一般中间也不会出现什么乱子。最后，小额信贷公司办贷款，还款方式比在银行办贷款多样化，一般大型正规小额信贷公司，会针对借款人的情况，设定不同的还款方式，让借款人还款更轻松。

不过需要注意的是，从小额信贷公司办贷款，通常贷款利率和手续费都较高，若是日后还款能力较弱的朋友，应仔细衡量今后还款能力，再作到小额信贷公司申请贷款的打算。

43. 哪些人可以作为贷款保证人？哪些组织和个人不能成为保证人？

法律解析

只有具有代为清偿债务能力的法人、其他组织或者公民，才能作为保证人。以下这些组织和个人不能成为保证人。

（1）国家机关不得作为保证人，但经国务院批准为使用外国政府或经济组织贷款进行转贷的除外。

（2）学校、幼儿园、医院等以公益为目的的事业单位、社会团体不得作为保证人。

（3）企业法人的分支机构、职能部门不得作为保证人。企业法人的分支机构有法人书面授权的，可以在授权范围内提供保证。

44. 一般保证和连带保证有什么区别？

案例

2008年3月，张某向王某借款4万元，约定借款期为一年，李某提供担保保证，双方签订了保证合同，但并未就担保方式做出明确约定。该笔借款在约定期限届满后，张某没有如约偿还，王某遂于2009年8月向人民法院提起诉讼，诉求保证人李某代张某偿还借款的本金及利息。李某辩称，自己只有在张某无能力偿还该借款后，才为其偿还借款。张某现在仍有可以偿还借款的财产，王某应起诉张某而非起诉他，且借款期限已届满，王某已无权诉求自己赔偿，因此请求法院驳回王某的诉讼要求。人民法院据张某与王某签订的保证合同认定李某的保证方式是连带责任保证，而非一般保证，未超过保证期，遂判决李某偿还该笔借款。请问：一般保证和连带保证有什么区别？

法律解析

我国《担保法》规定，保证人的保证方式有一般保证和连带责任保证两种。

当事人在保证合同中约定，债务人不能履行债务时，由保证人承担保证责任的，为一般保证。一般保证的保证人享有先诉抗辩权，即在主合同纠纷未经起诉或者仲裁，并就债务人财产依法强制执行仍不能履行债务前，对债权人可以拒绝承担保证责任。且保证人和债务人约定采用“一般保证”这种保证方式时，必须有明确的约定，否则会被推定为连带保证责任。

《担保法》第19条规定：“当事人对保证方式没有约定或者约定不明确的，按照连带责任保证承担保证责任。”在连带责任保证中，债务人和保证人的责任没有先后之别，只要债务人届期不履行债务，债权人就可以在保证期间内要求债务人或者保证人履行债务。

另外，保证期间与普通诉讼时效期间有所不同，保证期间不得适用诉讼时效期间关于中止、中断、延长的规定，保证期间当事人可以自由约定，若未约定，则推定为主债务履行期届满之日起6个月。约定中含“保证责任直至主债务本息还清为止”类似内容的，视为约定不明确，推定为2年。

本案中，由于李某没有对保证方式做出明确的约定，而被人民法院推定其承担连带责任保证，保证期间推定为6个月，即在2009年9月之前，王某有权请求李某承担保证责任。因此，法院判决李某承担还款责任。

此案提醒我们，在保证活动中一定要区分一般保证责任与连带保证责任，以避免不必要的麻烦。

45. 抵押贷款的时候，常见抵押种类有哪些？

法律解析

抵押是担保方式的一种，抵押是指债务人或者第三人不转移对特定财产的占有，而将该财产作为债权的担保，在债务人不履行债务时，债权人有权依照法律规定以该财产折价或以拍卖、变卖该财产的价款优先受偿。根据抵押财产的不同表现形态，可以将抵押分为以下六种：

（1）不动产抵押。是指以不动产为抵押物而设置的抵押。所谓不动产是指不能移动或移动后会丧失其原有价值或失去其使用价值的财产，如土地、房屋、各种地上定着物等。

（2）动产抵押。是指以动产作为抵押物而设置的抵押。动产是指可以移动并且移动后不影响其使用价值、不降低其价值的财产，如汽车、船舶、机器设备、农业用具、牲畜等。

（3）权利抵押。是指以法律规定的各种财产权利作为抵押物客体的抵押，如存款单、支票、债券、依法可转让的股票等。

（4）财团抵押，又称企业抵押。是指抵押人(企业)以其所有权利的集合体作为抵押权客体而进行的抵押，又称总括抵押，是指为了同一债权的担保，而设定的抵押。

（5）共同抵押，又称总括抵押。是指为了同一债权的担保，而在数个不同的财产上设定的抵押。

（6）最高额抵押。是指抵押人和抵押权人协议，在最高额限度内，以抵押物对一定期间内连续发生的债权作担保。

46. 什么是新型农村小额贷款组织？为什么要发展小额贷款组织？

法律解析

2006年中央1号文件提出，要大力培育自然人、企业法人或社团法人发起的小额贷款组织，引导农户发展资金互助组织。农村小额信贷需求量大、面广，现阶段完全靠农村信用社和一些扶贫小额信贷组织难以有效满足。组建新型农村小额信贷组织，发起人可以是自然人、企业法人或者社团法人，资金来源可以是自有资金、捐赠资金或者单一来源的批发资金，但不能吸收社会存款。

小额信贷组织的资金运用主要限定在对自然人和微小企业发放贷款，不对外投资，贷款利率由借贷双方自由协商，但必须遵循有关法律法规。由于小额信贷组织服务性质不同、形式多样，对小额信贷登记注册要区别对待，商业性组织要在工商部门注册，公益性组织在民政部门注册，并统一由金融监管部门登记备案。引导农户发展资金互助组织，有利于调剂农户间资金余缺，遏制农村高利贷，是农村金融体系的有益补充。发展农户资金互助组织，具体模式可以从各地农村实际出发，由农民自主选择，但资金的融通运用必须限定在村或生产合作社社员之间进行，开展真正合作意义上的资金互助，不能跨村经营、超范围经营。

47. 妇女小额担保贷款财政贴息政策是哪年出台的？对妇女创业有何影响？

法律解析

2009年，为贯彻落实党中央提出的“保增长、保民生、保稳定”战略，切实解决妇女在创业就业发展中遇到的资金瓶颈问题，全国妇联积极协调财政部、人力资源和社会保障部、中国人民银行，在原国家下岗失业人员小额担保贷款政策的基础上，共同下发了《关于完善小额担保贷款贴息政策，推动妇女创业就业工作的通知》（财金〔2009〕72号文件）。这是妇联组织推动国家政策层面首次明确将妇女作为政策受益主体，财政部门给予全额贴息，金融部门实行市场化运作的一项具有突破性意义的创业扶持政策。这项政策体现了党中央、国务院对妇女事业发展的重视和关心，体现了相关部门对妇女创业就业的支持和帮助，为妇女创业提供了有力支持。

48. 哪些妇女属于小额担保贷款财政贴息政策的扶持对象？

法律解析

根据财金〔2009〕72号文件和财金〔2013〕84号文件要求，财政贴息资金扶持对象主要包括：符合规定条件的城镇登记失业人员、就业困难人员（一般指大龄、身有残疾、享受最低生活保障、连续失业一年以上，以及因失去土地等原因难以实现就业的人员）、复员转业退役军人、高校毕业生、刑释解教人员，以及符合规定条件的劳动密集型小企业等。符合以上条件的妇女均可申请小额担保财政贴息贷款。其中，对符合条件的残疾人、毕业生、农村妇女申贷，可适度给予重点支持。

49. 妇女申请小额担保财政贴息贷款的最高额度和期限是如何规定的？

法律解析

财政贴息资金支持的小额担保贷款额度为，高校毕业生最高贷款额度10万元，妇女最高贷款额度8万元，其他符合条件的人员最高贷款5万元，劳动密集型小企业最高贷款额度200万元。对合伙经营和组织起来就业的，妇女最高人均贷款额度为10万元。贷款期限最长为2年。

50. 妇女办理小额担保财政贴息贷款向哪个部门提出申请？

法律解析

符合条件的妇女可直接向当地人社部门提出申请，也可以按照自愿原则向当地妇联组织提出申请。妇联组织负责做好贷款登记服务工作，对借款人的申请进行调查，按照审慎原则出具贷款推荐意见，经人社部门审核后，提交经办担保机构和金融机构审核，由当地金融机构发放贷款。

51. 把钱借给亲戚去赌博，债权受法律保护吗？

法律解析

如果出借人明知举债人所借债务用于个人赌博的，其债权不受法律保护。最高人民法院《关于人民法院审理借贷案件的若干意见》第11条规定："出借人明知借款人是为了进行非法活动而借贷的，其借贷关系不予以保护。"

52. 外出务工前需要准备哪些证件？

法律解析

外出务工者在离家之前，除应准备好身份证外，还应先到当地劳动部门办理"就业登记卡"（就业证），并到当地计生部门办理"流动人口婚育证明"。

53. 农村劳动力打工，只要形成劳动关系的都必须以书面形式签订劳动合同吗？

法律解析

我国《劳动法》第19条规定，劳动合同应当以书面形式订立。我国《劳动合同法》第10条规定，建立劳动关系，应当订立书面劳动合同。已建立劳动关系，未同时订立书面劳动合同的，应当自用工之日起1个月内订立书面劳动合同。用人单位与劳动者在用工前订立劳动合同的，劳动关系自用工之日起建立。由此可见，我国法律规定劳动合同的订立应是书面形式。

需要注意的是，我国《劳动合同法》并没有规定违反书面形式订立的劳动合同无效或者是不成立，所以，更为可行的方案就是，将书面形式看作用于证明存在劳动合同关系的证据，而并非将书面形式作为劳动合同订立的唯一形式。除了书面形式之外，还可以订立口头形式和默示形式的劳动合同，例如我国《劳动合同法》第69条就规定，非全日制用工双方当事人可以订立口头协议。

所以，法律对于劳动合同书面形式订立的规定，是“应当”而不是“必须”。

54. 公司可以与怀孕期间的员工解除劳动合同吗？

法律解析

为了保护孕期、产期、哺乳期内女职工的身心健康，我国《劳动法》第29条及劳动部《关于贯彻执行〈中华人民共和国劳动法〉若干问题的意见》明确指出，用人单位在女职工孕期、产期、哺乳期间，即使合同期满也不能终止劳动合同，必须延至哺乳期满后才能解除劳动关系。

根据这个规定，公司在女职工怀孕期间不能单方面解除劳动合同，不仅如此，还应当安排她从事力所能及的工作。如不这样做，女职工可以向当地劳动仲裁部门申请劳动仲裁，也可以向人民法院提起诉讼，以保护自己的权益。

55. 劳动合同可以规定“死伤概不负责”吗？

案例

2008年2月，梅梅和一家建筑公司签订了一份劳动合同，合同中有一个“发生死伤事故企业概不负责”的条款。梅梅当时注意到了这个条款，但是，她十分渴望得到这份收入较高的工作，又考虑到只要自己小心就不会出事，便怀着侥幸心理签了字。同年10月，她在操作砂浆搅拌机时四根手指被轧断，住院治疗60多天，花去手术费、住院费、治疗费6 700多元。出院后，建筑公司不仅不给她报销医药费，还不给她做伤残鉴定，不支付伤残赔偿金。公司这样做唯一的依据就是写有“发生死伤事故企业概不负责”的劳动合同。

请问：企业这样做合法吗？企业应该在这起工伤事故中承担什么责任呢？

法律解析

签订劳动合同，无论是约定“死伤概不负责”，还是根本不约定病、伤、残、死亡补助和抚恤等内容，都不能使企业逃脱其应该承担的责任。

我国《劳动法》规定，企业必须给职工办理工伤保险。享有工伤保险的职工发生工伤事故的，医疗费由社会保障部报销；造成伤残的，根据伤残等级给予伤残补助和生活补助。未给职工办理工伤保险而发生工伤事故的，企业必须承担伤残职工的所有损失。

我国《安全生产法》规定：“生产经营单位与从业人员订立协议，免除或者减轻其对从业人员因生产安全事故伤亡依法应承担的责任的，该协议无效；并对生产经营单位的主要负责人、个人经营者的投资人处2万元以上10万元以下的罚款。”

毫无疑问，梅梅签订的劳动合同直接违反了《劳动法》和《安全生产法》，是无效的，也是违法的。她可以向劳动争议仲裁部门申请仲裁，也可以向工会、妇联、共青团等组织寻求帮助。

56. 不签劳动合同就要退还“培训费”吗？

案例

2008年11月，李某与6位同乡应聘到一家饲料厂工作。经过3个月的培训和实习，他们都觉得这家工厂管理混乱、劳动卫生条件太差，因而当厂方提出签订劳动合同时，他们明确表示不订立劳动合同，要离开该厂。此时，厂方告诉他们，不得擅离工厂，否则，工厂不发还他们的身份证，还要他们每人补偿工厂5 000元培训费。无奈之下，他们只好同厂方签订了劳动合同，并开始工作。可是，3个月后，他们还是无法忍受这里的劳动条件。请问，工厂扣押他们的身份证并要他们补偿所谓培训费的做法合法吗？在当时的情况下，他们签订的劳动合同有效吗？他们工作了3个月，企业是否应该支付工资？

法律解析

我国《劳动合同法》规定，“订立劳动合同，应当遵循合法、公平、平等自愿、协商一致、诚实信用的原则。”“下列劳动合同无效或部分无效：以欺诈、胁迫的手段或者乘人之危，使对方在违背真实意思的情况下订立或者变更劳动合同的……”这就是说，劳动合同要反映当事人的真实意思，当事人的意思表示要与其内心意思相一致；当事人的意思表示是当事人自愿做出的，不是在受到他人威胁、欺诈情况下做出的；违背当事人的真实意思的劳动合同是无效的。

因此，他们在受到胁迫的情况下（如身份证被扣押，被索要培训费）签订的劳动合同是无效的，他们可以向当地劳动争议仲裁部门申请仲裁，要求解除违法的劳动关系，退还身份证，不承担培训费，还可以要求饲料厂按劳务关系支付3个月的工资。

57. 强迫工人加班劳动是否违法？

案例

丽丽在一家专门从事服装加工的私营企业上班，前不久，为赶制一批服装，厂方接连4天要求她们加班，每天工作时间长达12个小时。丽丽和姐妹们非常疲劳，到了第五天，就拒绝加班。她们提出解除劳动合同，厂方则要她们赔偿损失。威逼之下，她们只好带着内心的伤痛和身体的疲惫继续加班。请问，厂方的做法合法吗？她们应该怎么办？

法律解析

首先，她们有权拒绝厂方让继续加班的要求。因为《劳动法》第36条规定，劳动者每日工作时间不超过8小时，平均每周不超过44小时。第41条规定，延长工作时间，一般每日不得超过1小时；因特殊原因需要延长工作时间的，在保障劳动者身体健康的条件下每日不得超过3小时，且每月不得超过36小时。厂方这样做，剥夺了她们的休息权。

其次，她们有权解除劳动合同。因为《劳动合同法》第38条规定，用人单位以暴力、威胁或者非法限制人身自由的手段强迫劳动者劳动的，劳动者可以立即解除劳动合同，不需事先告知用人单位。厂方要她们赔偿损失，也是没有任何法律依据的。相反，厂方应依法向她们支付经济补偿金。

最后，她们可以就厂方粗暴对待的问题向有关部门举报，因为《劳动法》第96条规定，用人单位以暴力、威胁或者非法限制人身自由的手段强迫劳动的，由公安机关对责任人员处以15日以下拘留、罚款或者警告。《刑法》第244条还规定了强迫职工劳动罪，即用人单位违反劳动管理法规，以限制人身自由方法强迫职工劳动，情节严重的，对直接责任人处3年以下有期徒刑或者拘役，并处或者单处罚金。

58. 用人单位和劳动者就同一工种需要多次约定试用期吗？

案例

田某是运输队的装卸工，已在这里干了一年，中秋节前合同到期，回家过节。节后，他又来到了这个运输队，要求继续在这里打工，继续做装卸工。老板同意他继续打工，但说：“过去的一篇已经掀了过去，一切从头开始，要重新签订一年的劳动合同。”去年和老板签合同时，合同已规定了两个月的试用期，今年新签的劳动合同又规定了两个月的试用期。请问：单位这样做符合法律规定吗？

法律解析

我国《劳动合同法》规定：

（1）劳动合同期限3个月以上不满一年的，试用期不得超过1个月；

（2）劳动合同期限一年以上不满三年的，试用期不得超过2个月；

（3）三年以上固定期限和无固定期限的劳动合同，试用期不得超过6个月。

同一用人单位与同一劳动者只能约定一次试用期。既然运输队与田某已经约定了一次试用期，且已经过了试用期，就表明用人单位和田某双方已经进行了了解，没有必要再考核再试用了。针对这种情况，可以要求用人单位（或老板）纠正这种错误的用工方法。如果对方拒绝纠正，可向当地劳动监察部门投诉，或到劳动仲裁部门申请仲裁。

第三章　婚姻法、继承法

59. 表兄妹可以结婚吗？

案例

小红和舅舅家表哥同龄，初中毕业后两人一起去外地打工，逐渐相爱，两人和家人商量早点结婚，双方父母说这是好事，亲上加亲。双方父母的想法对吗？

法律解析

双方父母的想法不对。

案例中小红和舅舅家表哥虽然彼此相爱，但我国《婚姻法》中明确规定，直系血亲及三代以内旁系血亲禁止结婚，小红和表哥是三代之内的近亲不可以结婚。

60. 申请结婚登记时，应当提交的证明材料有哪些？

案例

小亮和小梅交往两年，双方感觉彼此情投意合，家长对两个孩子的结合也很满意。于是一切顺其自然，很快发展到了谈婚论嫁的阶段。但小梅提出，双方要做一个婚前财产公证。小亮很疑惑，结婚需要提交这样的材料吗？

法律解析

当事人结婚必须双方亲自到一方户口所在地的婚姻登记机关提出申请，提供下列证件：

当事人双方的居民身份证或临时身份证（身份证必须在有效期内）；当事人双方的户口簿或户籍证明。

注：当事人的身份证和户口簿中的姓名、出生日期、民族、性别必须一致，不一致的必须到户籍所在地公安部门更正，并在更正处盖章。

因此，婚前财产公证属于双方自愿协商的事情，并不是登记结婚的必需条件。

61. 受胁迫而结婚的当事人可以向婚姻登记机关申请撤销婚姻吗？

案例

刘静结识了油漆厂职工黄亮并相恋。在经过一段时间后，刘静认为两人性格不合，遂提出分手。黄亮坚决反对，并多次扬言：“刘静如不结婚，就杀死她全家。”慑于黄亮的淫威，2009年10月，刘静违心与黄亮办理了结婚登记手续。婚后，刘静心情一直很压抑，最终刘静于2010年8月诉至人民法院，请求依法撤销与黄亮的婚姻关系。请问，刘静的要求合理吗？

法律解析

我国《婚姻法》第11条规定：“因胁迫结婚的，受胁迫的一方可以向婚姻登记机关或人民法院请求撤销该婚姻。”因为胁迫当事人结婚，违反了婚姻自由和结婚完全自愿的原则。所以，法律赋予受胁迫一方撤销该婚姻的权利。但是申请撤销婚姻，应当在结婚登记之日起一年内提出。被非法限制人身自由的当事人请求撤销婚姻的，应当自恢复人身自由之日起一年内提出。法律规定以上的时间限制，既是尊重当事人的主观意愿，同时也是出于维护婚姻稳定的目的。此案例中，刘静和黄亮的婚姻并非自愿，且申请撤销婚姻的时间在登记结婚之日起一年以内，符合《婚姻法》的相关规定，应该得到法律的支持。

62. 婚约解除后任何一方都有权要求对方返还索要的彩礼吗？

案例

两年前，晓刚和秀利经人介绍相恋，在恋爱期间，按照当地习俗，晓刚家先后给了秀利家三万元作为彩礼并订了婚，可对方一直拖着不结婚，晓刚觉得不能这么耗下去，于是提出解除婚约并要求返还彩礼。请问：晓刚的要求对吗？

法律解析

（1）婚约是男女双方以结婚为目的所做的事先约定，俗称订

婚。订立婚约不是结婚的必经程序，男女双方自愿订立的婚约没有法律效力。

（2）婚约解除后，无论是男方还是女方先提出解除婚约，任何一方都有权要求对方返还索要的彩礼。按照法律规定，以结婚为条件赠送的彩礼，当婚姻关系没有成立时，应当相互返还。最高人民法院《关于适用〈婚姻法〉若干问题的解释（二）》规定，双方未办理结婚登记手续，当事人请求返还按照习俗给付的彩礼，人民法院应当予以支持。本案中，晓刚的要求应该给予支持。

63. 艾滋病患者是否可以结婚？

案例

松涛和安然相恋已经一年，松涛最近因身体原因刚做完手术出院，经过在医院的相处，两人的感情更加深厚，很快进入谈婚论嫁的阶段。为了全面地复查身体，两人进行了婚前检查，却发现松涛感染了艾滋病。请问，两人能结婚吗？

法律解析

《艾滋病防治条例》于2006年3月1日正式实施，这是我国第一部关于单一疾病的法律，政府以立法的形式，消除社会普遍存在的对艾滋病患者的歧视。该条例明确了艾滋病人有结婚、社交、医疗服务、劳动就业、学习的权利，并将中国艾滋病防治的“四免一关怀”政策以法规的形式确定下来，保护艾滋病病毒感染者和病人的合法权益。《艾滋病防治条例》第三条规定，任何单位和个人不得歧视艾滋病病毒感染者、艾滋病病人及其家属。艾滋病病毒感染者、艾滋病病人及其家属享有的婚姻、就业、就医、入学等合法权益受法律保护。

该条例在规定了艾滋病人的权利的同时也规定了义务：艾滋病病人登记结婚的，要求“双方知情、完全自愿”，应当在登记结婚前向对方说明患病事实，告知后双方同意申请结婚登记的，应当到医疗保健机构接受医学指导。艾滋病病人不得故意将病毒传播给他人，否则由公安机关依法查处，如与他人发生性接触的，应当将其患病的事实事先告知对方。

64. 什么是无效婚姻？哪些属于无效婚姻？

案例

吴刚和小梅从小青梅竹马。高中毕业后，吴刚外出打工，两人书信往来并确定恋爱关系。两年后准备结婚，但由于吴刚不到法定婚龄，便买了一张假身份证进行登记。婚后，吴刚继续外出打工，认识了同乡刘英，交往中产生感情直至以夫妻名义公开同居。吴刚觉得和小梅的婚姻无法再维持下去了，诉至法院要求离婚。

法律解析

（1）无效婚姻，也称婚姻无效，是指男女两性虽经登记结婚但由于违反结婚的法定条件而不发生婚姻效力，应当被宣告为无效的婚姻。无效婚姻自始当然无效。严格地讲，无效婚姻并不是婚姻的一个种类，它只是用来说明借婚姻之名而违法结合的一个特定概念。

（2）我国现行《婚姻法》第10条第1款规定，婚姻无效的原因有：

①重婚的；

②有禁止结婚的亲属关系的；

③婚前患有医学上不应当结婚的疾病，婚后尚未治愈的；

④未到法定婚龄的。

本案中，吴刚和小梅的婚姻是无效的，因为未到法定婚龄。

65. 什么是重婚？

案例

李某与刘某是同村村民，均到法定结婚年龄，1989年4月举行了结婚仪式并宴请了亲朋好友，但未办理结婚登记。此后两人以夫妻名义同居生活。1998年，李某外出打工结识了丧偶女子，俩人在接触过程中产生感情并于2000年登记结婚。刘某得知后非常气愤，起诉至法院，要求追究王某重婚罪的刑事责任。

法律解析

（1）我国《婚姻法》所说的重婚是指有配偶者又与他人结婚的违法行为。它的表现形式有两种：一是法律上的重婚，即有配偶者又与他人登记结婚。二是事实上的重婚，即有配偶者虽然没有与他人登记结婚，但确与他人以夫妻名义同居生活。

（2）最高人民法院《关于适用〈婚姻法〉若干问题的解释（一）》中第五条明确规定，未按婚姻法第八条规定办理结婚登记而以夫妻名义共同生活的男女，起诉到人民法院要求离婚的，应当区别对待：

第一，1994年2月1日民政部《婚姻登记管理条例》公布实施以前，男女双方已经符合结婚实质要件的，按事实婚姻处理；

第二，1994年2月1日民政部《婚姻登记管理条例》公布实施以后，男女双方符合结婚实质要件的，人民法院应当告知其在案件受理前补办结婚登记；未补办结婚登记的，按解除同居关系处理。

（3）本案中，李某与刘某在1989年4月举行结婚仪式并以夫妻名义同居，属于事实婚姻。后李某又在2000年与他人登记结婚，属于重婚行为，应负相应的法律责任。

66. 离婚的有效法律形式有哪些？

法律解析

（1）在我国，离婚有两种形式：一是协议离婚；二是诉讼离婚。

（2）我国《婚姻法》第31条规定："男女双方自愿离婚的，准予离婚。双方必须到婚姻登记机关申请离婚。婚姻登记机关查明双方确实是自愿并对子女和财产问题已有适当处理时，发给离婚证。"是指协议离婚。

（3）我国《婚姻法》第32条规定："男女一方要求离婚，可由有关部门进行调解或直接向人民法院提出离婚诉讼"，是指诉讼离婚。诉讼离婚是指夫妻单方提出离婚，另一方不同意离婚或者虽然双方都同意离婚，但在共同财产的分割或对子女的抚养、教育等的问题上未达成协议，离婚诉讼当事人可向人民法院递交离婚诉讼状，人民法院受理后一般采取两种方式解决：

一是调解离婚，是指离婚的双方当事人在法院的调解下，就财产分割、子女抚养等问题达成一致，人民法院批准其离婚并制作离婚民事调解书，作为双方当事人的离婚法律文书。

二是判决离婚，是指人民法院在调解无效的情形下，据离婚案件的具体情况就夫妻共同财产和子女抚养等做出离婚判决。

67. 女方怀孕期间，男方可以提出离婚吗？

案例

王某（男）与张某（女）于2005年11月结婚。次年2月，在检查身体时，王某发现张某已怀孕5个月。在王某的一再追问下，张某承认婚前与前男友曾发生性关系并导致怀孕。王某认为张某欺骗了自己，向人民法院提起诉讼，要求解除与张某的婚姻关系。

法律解析

（1）根据我国法律规定，女方在怀孕期间、分娩后1年内或中止妊娠后6个月内，男方不得提出离婚。法律的规定体现了对特定期间内妇女、胎儿和婴儿的特殊保护。这是因为，在上述期间内妇女的身心都处于比较虚弱的状态，如果在此期间男方提出离婚，对女方的身心健康和胎儿、婴儿的健康都将产生极为不利的影响。所以，法律对此期间内男方的起诉权作了限制。但是女方怀孕期间男方不得提出离婚不是绝对的，在特殊条件下，出于对男女双方利益的综合考虑，法律允许男方提出离婚。

（2）本案中，张某不是在婚后，而是在婚前与他人发生性关系导致怀孕。对此，最高人民法院《关于女方因通奸怀孕男方能否提出离婚的批复》中指出，男女一方婚前与他人发生性行为，应该与婚后通奸行为加以区别，一般不能作为对方提出离婚的理由。因为在这种情况下，婚姻关系尚未建立，男女双方之间还没有产生夫妻间相互忠实的法律义务。婚前性行为只是道德问题，不是法律问题。所以，对女方因婚前与他人发生性关系导致怀孕的情况，应当依照《婚姻法》第34条的规定处理，即女方在怀孕期间、分娩后1年内或中止妊娠后6个月内，男方不得提出离婚的规定处理。

68. 配偶患有精神病的，可以提出离婚吗？

案例

王某和郑某结婚十年并育有一子，夫妻感情较好。但前年年初，郑某经检查确诊为精神病，多方求医并无明显好转。随着郑某病情的恶化，经常与他人发生冲突，王某因此外出打工，对郑某很少照料。今年3月王某诉至法院，请求判决准予离婚，子女随王某生活。

法律解析

（1）我国《婚姻法》第32条规定的提出离婚的理由第五项中指出“其他导致夫妻感情破裂的情形”，是指前四项法定理由以外的其他理由，如因配偶患有精神病，导致夫妻感情破裂，一方

可以向人民法院提出离婚诉讼，如果理由成立，经调解无效，人民法院可以判决离婚。

（2）参照最高人民法院颁布的《关于人民法院审理离婚案件如何认定夫妻感情已破裂的若干具体意见》第三条“婚前隐瞒了精神病，婚后久治不愈的，或婚前知道对方患有精神病而与其结婚的，或一方在夫妻共同生活期间患精神病久治不愈的”的规定，应认定原、被告夫妻感情确已破裂，现王某坚决要求离婚，经调解和好无效，应准予离婚。

69. 双方离婚后，孩子归谁抚养？

法律解析

我国《婚姻法》第36条第2、第3款规定：“离婚后，父母对于子女仍有抚养和教育的权利和义务。离婚后，哺乳期内的子女，以随哺乳的母亲抚养为原则。哺乳期后的子女，如双方因抚养问题发生争执不能达成协议时，由人民法院根据子女的权益和双方的具体情况判决。”1993年11月13日，最高人民法院《关于人民法院审理离婚案件处理子女抚养问题的若干具体意见》（以下简称《子女抚养意见》）中对离婚后子女抚养问题做了具体规定。根据这些有关规定，父母离婚时，子女的抚养归属问题区分以下情况分别处理。

（1）应考虑父母双方的个人素质、对子女的责任感、家庭环境、父母与子女的感情等因素。

（2）应考虑不能生育和再婚有困难的父或母的合理要求。

（3）在双方的各种条件都基本相同的情况下，原则上由经济能力较强的一方抚养。

（4）10岁以上有识别能力的子女，无论随父还是随母，都应征求子女本人的意见。

有利于子女身心健康，保障子女的合法权益，是贯穿于本法的基本原则，也是处理离婚后子女抚养归属问题的出发点，只有在此前提下，再结合父母双方的抚养能力和抚养条件等具体情况妥善解决。

70. 离婚后，子女抚养权可以变更吗？

案例

王某和张某协议离婚后，约定8岁的女儿小王随父亲王某生活。由于王某忙于开店，自己根本无暇照顾小王，于是将小王交给自己年过七十的父母照顾。母亲张某得知后，将王某诉至法院，请求法庭判决女儿小王归自己抚养，王某每月支付生活费。

法律解析

（1）我国《婚姻法》规定夫妻离婚后的任何时间内，一方或双方的情况或抚养能力发生较大变化，均可提出变更子女抚养权的要求。变更子女抚养权一般先由双方协商确定，如协议不成，可通过诉讼请求人民法院判决变更。我国《婚姻法》第36条第3款规定："离婚后，哺乳期内的子女，以随哺乳的母亲抚养为原则。哺乳期后的子女，如双方因抚养问题发生争执不能达成协议时，由人民法院根据子女的权益和双方的具体情况判决。"《未成年人保护法》第52条第2款规定："人民法院审理离婚案件，涉及未成年子女抚养问题的，应当听取有表达意愿能力的未成年子女的意见，根据保障子女权益的原则和双方具体情况依法处理。"

（2）在本案中，张某有稳定的经济收入，女儿小王也表示愿意随妈妈生活。从尊重孩子意愿、维护孩子利益原则考虑，应准许张某提出的变更小王抚养权由其抚养的诉讼请求。

71. 夫妻共同财产有哪些？

案例

王某与张某于2005年10月5日登记结婚。2003年2月，王某全款购买楼房一套，并于2004年6月1日取得房屋所有权证。现王某起诉要求与张某离婚，并要求确认该楼房系其婚前个人财产，归其所有。张某同意离婚，但认为房屋应为夫妻共同财产，要求对房屋进行分割。请问：张某的要求对吗？夫妻共同财产有哪些？

法律解析

（1）根据《婚姻法》第17条的规定，夫妻在婚姻关系存续期间所得的下列财产，归夫妻共同所有：

①工资、奖金；

②生产、经营的收益；

③知识产权的收益；

④继承或赠予所得的财产，但遗赠或赠予合同中明确归夫或妻一方的财产除外；

⑤其他应当归共同所有的财产。

（2）本案中，一方婚前全款买房，产权登记在一方名下，并不是在婚姻关系存续期间所购房屋，该房产实际是婚前个人财产，不能进行分割。

72. 夫妻财产可以约定吗？

案例

婚后，张某父母为张某全款购买了一套房屋，产权所有者是张某，后来张某夫妻做了财产公证，公证书上写着出资方是女方，房子产权归女方所有。后来张某了解公证的时候不能做假，这个财产约定有效吗？

法律解析

（1）新婚姻法解释：第十九条　夫妻可以约定婚姻关系存续期间所得的财产以及婚前财产归各自所有、共同所有或部分各自所有、部分共同所有。约定应当采用书面形式。

（2）从法律上说，张某夫妇的约定应当有效。因为此约定是他们双方真实意思表示。此虚假陈述不影响约定的效力。即使公证书被撤销，此约定仍然有效。

73. 离婚的时候如何分割财产？

案例

张强和李梅由于感情不和协议离婚。《离婚协议》言明：张强支付李梅40万元，家中其他财产归张强所有。离婚后，张强仅支付了5万元就以自己生活困难为由拒绝继续支付其余的35万元。为此，李梅诉至法院，要求张强继续履行《离婚协议》。

法律解析

（1）离婚财产分割即夫妻共同财产的分割，是指离婚时依法将夫妻共同财产划分为各自的个人财产。现行《婚姻法》第17条到第19条明确了夫妻共同财产是在夫妻关系存续期间取得的财产，以列举式和概括式的方式规定了夫妻共同财产的内容，该法也规定了夫妻共同财产的分割有协议分割和判决分割两种做法。

（2）离婚时，双方有合法婚姻财产约定的，依约定。一方的特有财产归本人所有。夫妻共有财产一般应当均等分割，必要时亦可不均等，有争议的，人民法院应依法判决。

（3）本案中，双方关于财产的约定是合法的，应当支持李梅的诉求。

74. 离婚的时候如何清偿债务？

案例

张某与刘某于2004年8月5日离婚，同年8月18日，两人就夫妻关系存续期间的共有债权债务进行确认，共对外结欠50 700元，约定分别承担一半债务。2004年8～11月，张某先行清偿原夫妻共有债务47 932元并支付被债权人提起诉讼而花去的相关费用610元，合计48 542元。为此，张某依确认书要求前妻承担一半的债务。请问：离婚的时候如何清偿债务？

法律解析

（1）根据《婚姻法》第41条规定，离婚时，原为夫妻共同生活所负的债务，应当共同偿还。共同财产不足清偿的，或财产归各自所有的，由双方协议清偿；协议不成时，由人民法院判决。夫妻共同债务是指夫妻共同生活或履行抚养、赡养等法定义务所负的债务。

（2）两人在婚姻关系存续期间，因向他人借款未能按期归还被提起诉讼，即债权人向夫方主张了权利，要求夫方清偿债务。夫方先行对债权人履行了给付义务。为此，夫方基于“夫妻关系期间的共同债权、债务确认书”中的约定，向妻方行使追偿权，要求刘某承担一半的共同债务，于法有据，应得到支持。

75. 什么是家庭暴力？家庭暴力的范围包括哪些？

案例

江某（女，29岁）与孙某（男，31岁）经他人介绍登记结婚，婚后感情一度较好，后经常发生吵打。2009年2月双方又发生纠纷，造成江某两处肋骨骨折，经法医鉴定构成轻伤。江某于2010年诉至法院，要求与孙某离婚，并要求判令被告孙某赔偿因实施家庭暴力对其造成的精神损害费5 000元。请问：什么是家庭暴力？家庭暴力的范围包括哪些？

法律解析

（1）我国《婚姻法》所称的"家庭暴力"，是指行为人以殴打、捆绑、残害、强行限制人身自由或者其他手段，给其家庭成员的身体、精神等方面造成一定伤害后果的行为。

（2）家庭暴力的范畴包括：

①夫妻间的暴力行为，如丈夫殴打、谩骂妻子，强行与妻子发生性关系或摧残妻子性器官等。

②父母对子女实施的暴力或虐待行为。

③子女对应赡养的老人实施的暴力或虐待行为。

④兄弟姐妹、叔嫂妯娌、翁婿婆媳之间的暴力行为。

⑤有亲密关系的男女间的暴力行为，如同居关系、恋人关系等，也都属于家庭暴力的范畴。目前家庭暴力主要表现在丈夫对妻子的暴力行为。

（3）本案中，江某和孙某婚后不能正确处理家庭矛盾，经常吵打，夫妻感情确已破裂，应准予离婚。但对于精神损害费5 000元的诉求，应提供受伤时的病历等证据以证明被告孙某对其实施了家庭暴力。

76. 家庭暴力的受害人可以通过什么途径保护自己？

案例

白某（男）和崔某（女）经人介绍相识，于1997年登记结婚。婚后因为白某有酗酒习性，常在酒后因琐事殴打崔某，并在枕头下放置管制刀具，崔某一直生活在惊恐之中，但也不知该向谁求助。最终，崔某向家人哭诉，在家人支持下向法院起诉离婚。请问：家庭暴力的受害人可以通过什么途径保护自己？

法律解析

在我国的法律框架之下，国家对于家庭暴力的受害者给予了

多方的救济渠道，几乎从很多法律当中都尽可能地保护他们。家庭暴力的受害者可以通过以下途径保护自己。

（1）实施家庭暴力的，受害人有权向居民委员会、村民委员会以及所在单位提出请求，相关组织应当予以调解。

（2）对正在实施家庭暴力的，受害人有权提出请求，居民委员会、村民委员会应当劝阻；公安机关应当予以制止。

（3）实施家庭暴力的，受害人可以采取报警的方式，由公安机关出警处理。如果受害人提出请求，公安机关可依照治安处罚的法律规定予以行政处罚；如果受害者是女性还可以向妇联机构求助。

（4）受害人还可以向邻居、双方的父母及其亲戚朋友以及社会的专业人士包括婚姻咨询师、律师、心理咨询师等进行求助。

此外，家庭暴力诉请法院是判决离婚和离婚损害赔偿的法定理由。因此，本案中崔某的诉求应得到支持。

77. 家庭暴力的受害人应当保存哪些证据？

案例

唐某1997年与周某结婚。婚后初期，小两口日子也算甜蜜。但随着女儿的出生，周某常常与唐某争吵，甚至拳脚相加。2004年在家长主持下，周某写下保证书：保证不再打唐某等。此后周某的言行有所收敛。但好景不长又故伎重演，且变本加厉。在2006年一次严重的殴打之后，唐某终于诉至法院，以周某对其实施家庭暴力为由要求离婚，并赔偿其损失1万元。请问：唐某需要保存哪些证据？

法律解析

（1）家庭暴力以行为人加害的连续性以及损伤的隐蔽性为主要特征。有些受害者因缺乏多次累积的伤情原始记录和法医鉴定依据，致使民事调解和诉讼困难，受害人的合法权益得不到及时

保护。为防止这一情况的出现，家庭暴力的受害者，应在48小时内，向所在地的公安机关报案，并请求他们开具验伤通知书，到指定的医院验伤，或到司法鉴定机构做鉴定。在验伤鉴定后应保存好医院的诊断证明和鉴定结论，如果是多次的验伤或鉴定，应将每一次的医院诊断证明和司法鉴定部门的鉴定结论保存好，无论是轻微伤还是重伤，留下这些证据有利于今后有关部门处理此事。还有施暴者用的凶器、木棒、铁棍或其他危险物品，上面留有施暴者或受害人的痕迹如血迹、指纹等，可以作为证据及时向公安机关提供。

（2）本案中，两人属合法婚姻，婚姻关系受法律保护。认定周某实施家庭暴力的证据有以下两点：一是周某写的保证书能证明其曾有过“打唐某”一事；二是周某在2006年的殴打，致唐某损伤较重。应当认定周某的暴行给唐某造成了一定的伤害后果，因此应准予离婚，并要求周某赔偿损失。

78. 什么是遗产？被继承人死亡后，可继承的遗产有哪些？

法律解析

我国《继承法》规定：遗产是指公民死亡时遗留下来的个人合法财产。遗产是被继承人生前的合法财产，非法财产不属遗产。遗产是被继承人个人所有的财产，包括财产和财产权利。遗产范围包括：公民的收入；公民的房屋、储蓄和生活用品；公民的林木、牲畜和家禽；公民的文物和图书资料；法律允许公民所有的生产资料；公民的著作权、专利权中的财产权利；公民的其他合法财产。

79. 胎儿有继承权吗？

案例

小花与丈夫结婚不到2年，怀孕期间，丈夫去世，小花说按照《继承法》规定，分割丈夫遗产的时候，应当保留胎儿的继承份额。请问：小花的说法对吗？胎儿有继承权吗？

法律解析

（1）我国《继承法》第28条规定：遗产分割时，应当保留胎儿的继承份额。胎儿出生时是死体的，保留的份额按照法定继承办理。

（2）具体可以分成三种情况讨论：

第一，胎儿未出生即死亡，此时他没有继承权。

第二，胎儿出生并健康生存，此时他拥有其应属份额的继承权。

第三，胎儿虽出生但立即死亡，在未死亡前他拥有继承权，死亡后其在拥有继承权时继承到的财产都作为遗产重新进行继承。

（3）本案中，按照《继承法》，应该保留小花胎儿的继承份额。小花的说法是对的，应该给予支持。

80. 倒插门女婿可以继承遗产吗？

案例

王强是某村村民，1989年与妻子结婚，一直和岳父母生活在一起。1992年岳母去世，王强夫妇更加尽心照顾岳父，不但翻修了房屋，还把家庭的收益都交于岳父打理。2003年妻子小丽也不幸去世，岳父痛不欲生。王强便和女儿与岳父一起生活，方便照顾岳父。2012岳父去世，留下一套平房和5万元存款。王强的小舅子说，王强是“倒插门”女婿，无权继承岳父的遗产，并要求王强和其女儿限期搬出岳父留下的平房。请问：小舅子的做法对吗？

法律解析

（1）小舅子的做法不对，王强可以继承岳父的遗产，王强女儿作为代位继承人可以继承妈妈应该得到的遗产。

（2）王强确系“倒插门”女婿，但长期与其岳父母生活在一起并养老送终，特别是在2003年王强的妻子去世以来，王强与岳父在一起照顾他的日常生活，尽主要赡养义务。按照《继承法》第11条规定：“被继承人子女先于被继承人死亡的，由被继承人子女的晚辈直系血亲代位继承。代位继承人一般只能继承他的父亲或者母亲有权继承的遗产份额。”第12条规定：“丧偶女婿对岳父、岳母尽了主要赡养义务的，作为第一顺序继承人。”因此，王强有资格作为第一顺序继承人继承岳父的遗产。

（3）由于王强的妻子小丽先于其岳父去世，故其女儿作为代位继承人，有权继承其妻子应该继承的遗产份额。据此，王强、王强女儿和小舅子三人分别继承遗产的三分之一。

81. 收养子女能否继承父母的遗产？

案例

女孩陆某幼年失去双亲，1988年跟随祖父母生活。祖父母年岁渐大，无力抚养，1990年10岁时遂送养给陆某的姨妈（家中有一12岁儿子），双方未办理任何手续，在生活2年后陆某改称姨妈夫妇为父亲、母亲。2010年4月4日，姨妈夫妇遭遇车祸死亡。肇事司机给付死亡赔偿金9万余元。请问：陆某有继承权吗？

法律解析

（1）本案收养关系发生于1990年，当时《收养法》（1992年4月1日实施）尚未实施，且1992年4月1日实施的《收养法》不具有追溯力，陆某与姨妈夫妇之间的关系不适用1992年实施的《收养法》，而应适用当时之法律规定。

（2）当时之情况经查当为最高人民法院（84）法办字第112号《关于贯彻执行民事政策法律若干问题的意见》，依《意见》第28条：亲友、群众公认，或有关组织证明确以养父母与养子女关系长期共同生活的，虽未办理合法手续，也应按收养关系对待。陆某与姨妈夫妇生活长达10年，且陆某一直称呼姨妈夫妇为父母，应视为得到群众公认，认定形成事实收养关系。

（3）根据《继承法》第9条规定：继承权男女平等。第10条规定：子女是第一顺序继承人。《继承法》所说的子女，包括婚生子女、非婚生子女、养子女和有扶养关系的继子女。因此，本案中陆某应享有继承权。

82. 什么是代位继承？什么情况下发生代位继承？

案例

王明与李玲系夫妻，共有16间房屋和8万元存款，生有王军和王海两个儿子。长子王军1990年死亡，其妻张英带养女王红同公婆一起生活。次子王海1998年因公牺牲，其妻改嫁他人，留下儿子王河和女儿王丽同祖父母一起生活。2002年10月王明因病去世。请问：王明的遗产如何继承？

法律解析

（1）代位继承是指被继承人的子女先于被继承人死亡，由被继承人已死亡的子女的晚辈直系血亲代其参加继承，并继承其应继承的份额的一种继承制度。先于被继承人死亡的子女是被代位继承人，其晚辈直系血亲是代位继承人，他们的继承权是代位继承权。代位继承是法定继承中的一种特殊继承制度。

（2）要发生代位继承必须满足下面几个条件：

第一，被代位继承人必须是被继承人的子女。只有被继承人的子女先于被继承人死亡才能引起代位继承。被继承人的子女既包括婚生子女，也包括非婚生子女、养子女和已经形成抚养关系的继子女。

第二，被代位继承人必须先于被继承人死亡。即使被继承人的子女是继承开始以后遗产分割之前死亡的，也不能适用代位继承，而应适用转继承。

第三，代位继承人必须是被代位继承人的晚辈直系血亲，包括被代位继承人的生子女、养子女或有抚养关系的继子女。

（3）本案中：首先，16间房屋和8万元存款先分割出一半归妻子李玲，另一半作为王明的遗产，在王明没有遗嘱的情况下，由王明的法定继承人共同继承；其次，王明的法定继承人有：其妻李玲，大儿媳张英、大儿子的养女王红；小儿子的儿子王河和女儿王丽。最后，因为大儿子早于王明去世，因此王红取得代其父位继承王明遗产的权利，是代位继承；同理，王海的儿子王河和女儿王丽也是代位继承。

83. 侄子为叔父披麻戴孝，可否继承遗产？

案例

2013年，周某车祸后死亡。交警部门认定，肇事者负事故的全部责任，赔偿各种费用共计9万元。由于父母已去世，而死者未婚。因此，周某的哥哥和姐姐共同出具了收条，钱款由哥哥代为保管。

周某死亡后，哥哥18岁的儿子小周由族人做主成为周某的嗣子，在葬礼上按照农村习俗履行了为死者披麻戴孝、墓碑署名等事项。各项事宜也由哥哥牵头操办，经济开支在赔偿费中支付。哥哥以其子小周在葬礼上的表现为由，认为小周应继承周某的全部财产，但姐姐不同意。由于兄妹两人协商未果，遂诉至法院。

法律解析

（1）立嗣在民间也叫过继，是指没有儿子的男子选立同宗辈分相当的他人之子为嗣子。传统观念里，立嗣行为一旦完成，嗣子与嗣父母之间即为亲子关系，嗣子即取得继承嗣父母家的宗祧和财产的权利。我国现行法律不认可民间的这种封建承嗣传统，这种收养关系不受法律保护。因此，即使小周履行了为死者披麻戴孝、墓碑署名等事项，也不能享有继承死者的遗产和分配其死亡赔偿金的权利。

（2）兄妹二人作为死者的兄姐，作为死者第二顺序法定继承人，在没有第一顺序法定继承人的前提下，应当依法平等地继承死者的遗产和分配其死亡赔偿金。因此，除去死者的安葬费等开支后，剩余费用应由兄妹二人均分。

84. 已经出嫁的女儿有权继承父母的遗产吗？

案例

市民仇女士的父亲过世后留下一套七百多平方米的平房，母亲健在。现在该房产要面临拆迁，3个兄弟协商将平房平分。他们认为仇女士出嫁了是外人，房产不应该有份额。请问：该怎么办？

法律解析

（1）按照《继承法》关于“男女平等”的原则，不论儿子还是女儿，女儿也不论已婚、未婚，在继承父母遗产时，都享有平等的权利。《继承法》第10条规定：“女儿是第一顺序的法定继承人。”

（2）本案中：因为老母亲仍然健在，应首先对该房产按照夫妻财产在父母之间平均进行分配，将属于父亲一方的财产作为遗产继承，按照继承法来处理。

（3）因为没有遗嘱，该继承应当按照法定继承来办理，属于父亲的二分之一要平均分配给配偶和子女，女儿与儿子平等地享有继承权，因此应当由母亲、三个儿子和仇女士共同继承遗产。

85. 丈夫去世后，妻子是不是可以在继承丈夫财产后带产改嫁？

案例

王女士1996年与邻村青年江某自由恋爱结婚。去年2月，丈夫因身患重病，多方治疗无效去世，由于没有子女，江某父母也已过世，因此，遗产全部由王女士继承。前不久，王女士经人介绍认识了张某，两人建立了恋爱关系。在准备结婚时，遭到了江某兄弟的极力反对，他们说，按照农村的惯例，改嫁可以，但必须把财产留下。请问：他们的说法对吗？

法律解析

我国《婚姻法》确立了婚姻自由原则，其他任何人不得加以干涉。《继承法》第30条规定：“夫妻一方死亡后另一方再婚的，有权处分所继承的财产，任何人不得干涉。” 因此，王女士再婚时，是有权带走属于她个人的财产的，其家人无权加以干涉。如果家人一再阻挠，王女士可以通过法律程序依法保护自己的权利。

86. 丧偶儿媳是不是可以继承公婆的遗产？

案例

刘某今年55岁，有一子。刘某25岁结婚起就同公婆住在一起，由于公婆身体不好，日常生活均由刘某夫妇承担，丈夫还有个哥哥在外工作。逢年过节也来看望二老。5年前，刘某丈夫因病去世，刘某和儿子仍然一如既往地照料公婆，今年公婆相继死亡，留有遗产。请问：刘某能继承公婆的遗产吗？

法律解析

（1）我国《继承法》按照婚姻关系和血缘关系的远近规定了继承人顺序：第一顺序，配偶、子女、父母；第二顺序，兄弟姐妹、祖父母、外祖父母。只要有第一顺序继承人参加继承，第二顺序继承人则无权继承。

（2）在现实生活中，有的儿媳和女婿不仅在丧偶前与公婆或岳父母共同生活尽赡养义务，而且在丧偶后仍然继续赡养公婆或岳父母，为鼓励这种良好的道德风尚，我国《继承法》第12条明确规定：丧偶儿媳对公婆，丧偶女婿对岳父母，尽了主要赡养义务的，作为第一顺序继承人。

（3）本案中，刘某完全可以列为第一顺序继承人继承公婆的遗产。由于刘某丈夫先于其父母死亡，因此刘某儿子可以代位继承刘某丈夫应继承的份额，同时刘某也可以作为第一顺序继承人继承公婆的遗产。

87. 什么是遗赠抚养协议？

案例

王明和孤寡老人李淑珍是邻居，平时关系不错，李淑珍为了晚年有人照顾，就和王明协议约定：李淑珍由王明赡养，待李淑珍百年之后由王明取得李淑珍一套面积为86平方米的房屋。随后王明尽心尽力地照顾李淑珍，3年后，李淑珍因病医治无效去世。老人的侄子魏大可得知消息后要求继承房产。王明与魏大可发生争议，诉至法院。

法律解析

（1）李淑珍与王明签订的协议在法律上属于遗赠抚养协议。遗赠抚养协议是《继承法》中规定的一种协议，是指受抚养人和抚养人之间订立的关于抚养人承担受抚养人的生养死葬义务，受

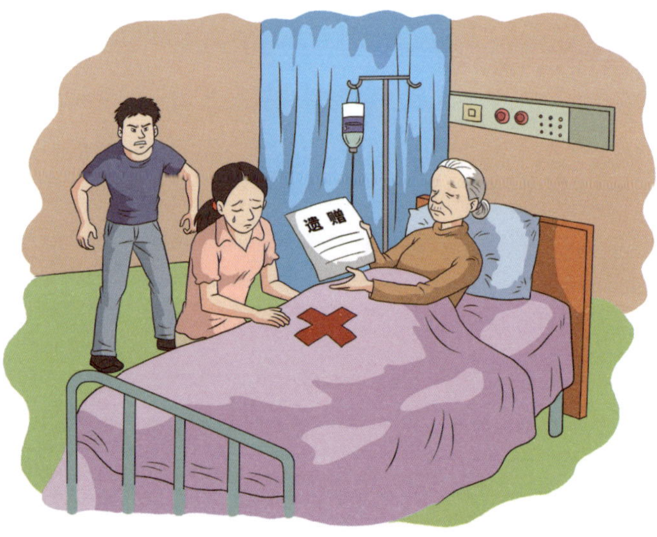

抚养人将自己所有的财产遗赠给抚养人的协议。

（2）遗赠抚养协议的主体一般有限制。遗赠人只能是公民，抚养人必须是法定继承人以外的人，也可以是集体所有制组织，而且须具有抚养能力和抚养条件，同时扶养人没有法定的抚养义务。遗赠抚养协议双方，互相权利，互负义务。抚养人负有对遗赠人生养死葬的义务，享有接受遗赠人遗赠财产的权利；遗赠人享有接受抚养的权利，负有将其遗产遗赠给抚养人的义务。遗赠抚养协议必须是书面形式，不能为口头形式，以便明确双方的权利义务，有利于协议的履行。

（3）本案中，王明与李淑珍签订的遗赠抚养协议合法有效，且王明切实履行了遗赠抚养协议，对李淑珍进行了生养死葬的义务。因此魏大可的想法是没有法律依据的。

88. 如果遗赠抚养协议与遗嘱产生抵触，应该如何处理？

案例

刘老汉一人独自生活，虽有一女红霞，但在外地工作。于是通过居委会找到李力，于2002年5月20日与李力签订了一份协议书，明确约定：“由李力照顾自己生活起居直至养老送终，死后自己所有的房产独家小院一座归李力所有。”从此李力尽心尽力照顾刘老汉，2005年红霞一家人回来看望父亲，刘老汉与女儿一家享受天伦之乐，异常高兴。又在2005年10月10日和女儿一起到公证部门亲自书写遗嘱，并进行了公证，遗嘱上写到“我死后房产独家小院一座由女儿红霞继承”。2006年春节刚过，刘老汉因脑出血抢救无效死亡，其丧事亦由李力一手操办。事后，女儿红霞要求继承房产，李力拿出刘老汉生前与其签订的遗赠抚养协议，要求房产归自己所有。请问：房屋该归谁所有？

法律解析

（1）遗赠抚养协议是指遗赠人与抚养人（包括组织）签订的，遗赠人的全部或部分财产在其死亡后按协议规定转移给扶养人所有，扶养人承担对遗赠人生养死葬义务的协议。

（2）该案中李力按照协议约定承担了对刘老汉的生养死葬义务。但刘老汉生前却违背协议，和女儿红霞一起到公证部门，将自己独家小院确定给女儿继承。该公证遗嘱看似具有最高效力，但是根据《中华人民共和国继承法》第5条“继承开始后，按照法定继承办理；有遗嘱的，按照遗嘱继承或者遗赠办理；有遗赠扶养协议的，按照协议办理”之规定，继承开始后应先执行遗赠抚养协议，然后才按遗嘱继承和法定继承处理遗产。根据《最高人民法院关于贯彻执行<中华人民共和国继承法>若干问题的意见》第5条“被继承人生前与他人订有遗赠扶养协议，同时又立有遗嘱的，继承开始后，如果遗赠扶养协议与遗嘱没有抵触，遗

产分别按协议和遗嘱处理；如果有抵触，按协议处理，与协议抵触的遗嘱全部或部分无效”之规定，刘老汉的公证遗嘱内容和自己与李力签订的遗赠抚养协议的内容完全相抵触，刘老汉的公证遗嘱全部无效，遗赠抚养协议有效，房屋应转移给李力所有。

89. 可以利用B超等技术手段检查胎儿性别吗？

案例

甲怀孕，其丈夫很想知道甲所怀的是男孩还是女孩，因此，带甲到当地某医院要求进行B超检查。对于此种行为，我国《母婴保健法》如何规定？

法律解析

法律解析：《中华人民共和国母婴保健法》第32条明确规定：严禁采用技术手段对胎儿进行性别鉴定，但医学上确有需要的除外。因此，这样的做法是违法的。

第四章 刑法、民法、村民自治

90. 什么是故意犯罪和过失犯罪？什么是意外事件？三者有什么不同？

法律解析

故意、过失和意外，对应的都是犯罪人的主观心态。

（1）故意是指犯罪人故意引发犯罪，希望或者放任犯罪结果的发生。比如甲想乙死，提刀砍杀了他，那么这就是个典型的故意。或者放任犯罪结果的发生，比如甲在老婆的茶杯里下毒，但是孩子喝了里面的茶，甲眼睁睁地看着，却不敢讲出来，这也构成故意，尽管他不想孩子被毒死。所以，故意是希望或者放任犯罪结果的发生。

（2）过失是指犯罪人并不希望犯罪结果的发生，但是他的行为却引起了危害后果，而他如果克尽注意义务，是可以避免的。过失分两种，一种叫疏忽大意，一种叫过度自信。疏忽大意指犯罪人能预见而未预见，比如甲明知乙不会游泳还在嬉闹时一脚踢他下水，他应当能预见乙会淹死，但是没有预见。过度自信是预见自己的行为有危害性，却轻信能够避免，比如甲从楼上扔下酒瓶，这个谁都知道可能有危险，但甲轻信不会那么巧砸着人，但他真的砸着了。

（3）意外是行为人不希望犯罪结果发生，也没法预见自己的行为可能造成危害结果。危害结果的发生是由于不能抗拒或不能预见的原因引起的，不是犯罪。

91. 什么是正当防卫？什么情况下可以实施正当防卫？

法律解析

我国《刑法》第20条规定："为了使国家、公共利益、本人或者他人的人身、财产和其他权利免受正在进行的不法侵害，而采取的制止不法侵害的行为，对不法侵害人造成损害的，属于正当防卫，不负刑事责任。"

正当防卫明显超过必要限度造成重大损害的，应当负刑事责任，但是应当减轻或者免除处罚。对正在进行行凶、杀人、抢劫、强奸、绑架以及其他严重危及人身安全的暴力犯罪，采取防卫行为，造成不法侵害人伤亡的，不属于防卫过当，不负刑事责任。

根据我国《刑法》的规定，实施正当防卫必须同时符合以下四个条件：

第一，只有在国家公共利益、本人或他人的合法权利受到不法侵害时；

第二，必须是在不法侵害正在进行的时候；

第三，必须是对不法侵害者本人实施防卫，而不能对无关的第三者实施；

第四，正当防卫不能超过必要的限度，造成不应有的损害。

当您准备进行防卫时，如果符合上述四个条件，那么，您就不必担心自己会负刑事责任，而应积极勇敢地进行防卫。

92. 为犯罪分子放风，是不是犯罪行为？

案例

郑某和朋友林某到北京打工，由于没什么本领，在京也不好找工作。当他们没钱花时，两人便密谋共同到某居民小区入室盗窃，郑某负责在门口放风，林某潜入住户实施盗窃，在放风时，郑某见几个保安走过，心里突然觉得害怕，自己一个人就先溜走了。后来林某盗窃行为被保安发现，当即被扭送公安机关，经侦查，林某盗得的财物价值一万多元。现在公安机关把郑某也给拘留了，请问：郑某的行为构成犯罪吗？

法律解析

郑某在这起盗窃案中虽然有自动放弃正在实施的犯罪行为的

举动，但仍应按盗窃既遂定罪处罚。理由是：郑某和林某在实施盗窃行为前是通过周密计划的，是有预谋的。虽然郑某一人先自动放弃，但其与林某密谋，为其放风等行为肯定为林某实施盗窃提供了帮助，同时林某的盗窃行为也代表了郑某的意愿，他们的行为是一个整体，相互之间是具有替代性的。

93. 买卖小孩犯罪吗？

案例

据央视《焦点访谈》报道，2013年7月16日，某县孕妇董某在县妇幼保健院分娩过程中，医生告知家属说新生婴儿“患有先天性传染病及先天残疾”，建议家属放弃对婴儿治疗并交由自己处理。随后婴儿被转卖3次，最终以59 800元卖给了朱某。请问：这样的行为合法吗？

法律解析

（1）我国《刑法》第240条规定，拐卖儿童罪是指以出卖为目的，拐骗、绑架、收买、贩卖、接送、中转儿童的行为。其中，“儿童”一般指14周岁以下的人。根据这一规定，医生的犯罪事实非常清晰。

（2）《刑法》规定，“对不虐待、不阻挠解救的，不追究刑责。”同时，最高人民法院、最高人民检察院、公安部、司法部《关于依法惩治拐卖妇女儿童罪的意见》里面也明确要求，对于收买被拐儿童的行为要加大打击的力度。

94. 花钱买媳妇可以吗？

案例

周某家在偏僻的山区，经济落后，周某已三十好几，依然没有对象。看到村里好多类似的人家都花钱买了媳妇，周某也动了这样的念头，请问：这样的做法是犯罪吗？

法律解析

（1）拐卖妇女是指以出卖为目的，有拐骗、绑架、收买、贩卖、接送、中转妇女的行为之一的。

（2）我国刑法第240条规定：“拐卖妇女、儿童的，处五年以上十年以下有期徒刑，并处罚金；有下列情形之一的，处十年以上有期徒刑或者无期徒刑，并处罚金或者没收财产；情节特别严重的，处死刑，并处没收财产。”

①拐卖妇女、儿童集团的首要分子；

②拐卖妇女、儿童三人以上的；

③奸淫被拐卖的妇女的；

④诱骗、强迫被拐卖的妇女卖淫或者将被拐卖的妇女卖给他人迫使其卖淫的；

⑤以出卖为目的，使用暴力胁迫或者麻醉方法绑架妇女、儿童的；

⑥以出卖为目的，偷盗婴幼儿的。

95. 吵架后一方服毒自杀，另一方是否需要承担责任？

案例

甲男与邻居乙女有过节，某日两人在集市买菜相遇后又发生争执，甲口出污言秽语并在厮打中故意扯破乙的衣服。乙深感屈辱，回家后服毒自杀，被家人救下。对甲的行为应当以侮辱妇女罪定罪处罚，对吗？

法律解析

（1）《民法通则》第119条规定，侵害公民身体造成损害的，应当赔偿医疗费、因误工减少的收入、残疾者生活补助费用。造成死

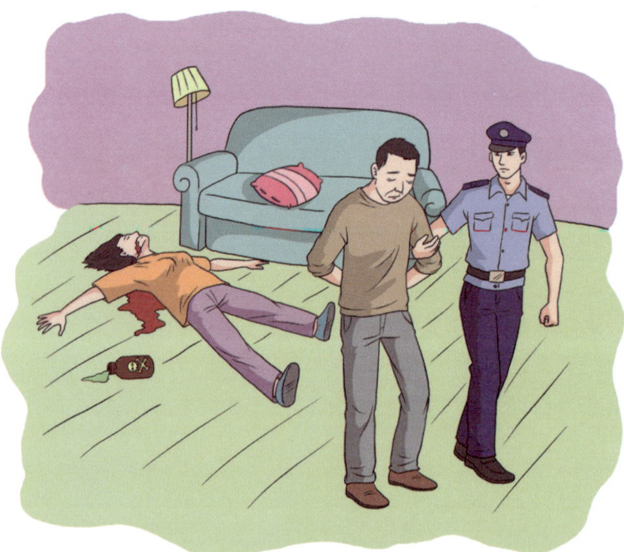

亡的，应当支付丧葬费、死者生前抚养的人必要的生活费等费用。《民法通则》第131条规定，受害人对于损害的发生也有过错的，可以减轻侵害人的民事责任。

（2）本案中，甲男殴打、谩骂乙女是导致乙女回家服毒的直接原因，对乙女造成损害的事实清楚，证据充分，应当承担相应的民事责任。

96. 《刑事诉讼法》规定搜查妇女身体的时候，有哪些注意事项？

案例

年轻的妈妈李玫带两岁的孩子去超市购物，母女俩在超市买了不少东西，在付款完成走出超市时，超市的报警器响了，原来两岁的孩子不懂事，把一袋糖装到了口袋里。超市保安因此怀疑李玫还有未付款的物品，要求搜身，李玫当即拒绝。请问：李玫做得对吗？

法律解析

搜查只能由公安机关或者人民检察院的侦查人员进行，其他任何机关、单位和个人都无权对公民人身和住宅进行搜查。《中华人民共和国刑事诉讼法》第137条明确规定，搜查妇女的身体，应当由女工作人员进行。在搜查的时候，应当有被搜查人或者他的家属，邻居或者其他见证人在场。

搜查时，不得无故损坏被搜查人的财物。对搜查中发现的与案件无关的个人私生活情况，不得泄露。

本案中，超市保安不具备搜查的资格，男性保安更不能去搜查李玫的身体。如果双方不能协商解决，可以通过公安机关来解决问题。

97. 只走了五十米，也能构成脱逃罪吗？

案例

曾某于2008年11月因涉嫌盗窃被刑事拘留。2009年2月9日，他接受刑事审判时，听到自己被判处有期徒刑四年，并处罚金人民币5 000元的宣判后，心里非常生气。当法警准备将他押上囚车回看守所时，他趁法警不备，拔腿就逃，边逃边企图脱下手铐和囚衣，但仅逃出约50米，就被法警赶上并抓回去了。后法院以脱逃罪判处他有期徒刑一年，与原判刑期数罪并罚。请问：判决尚未生效，曾某仅逃了50米，也不是发生在羁押、改造场所，怎么会构成脱逃罪？

法律解析

曾某的确已经构成脱逃罪。逃脱罪是指依法被关押的罪犯、被告人、犯罪嫌疑人，从羁押和改造场所逃走的行为。构成本罪的法律要件如下：

（1）本罪的犯罪主体是特殊主体，即只限于被依法关押的犯罪分子，包括已决罪犯和未决罪犯。其他人不构成本罪。虽然法院对曾某盗窃一罪的判决尚未发生法律效力，但他仍属于被逮捕的未决犯人。

（2）本罪侵犯的客体是司法、公安机关依法对罪犯进行监押管理的正常活动。在犯罪客观方面表现为被关押的罪犯从被关押场所逃跑的行为，具体方式包括：①秘密从监押场所逃跑；②在押解途中逃跑；③使用暴力强行逃跑；④使用威胁方式强行逃跑。曾某的行为符合第②点。

（3）本罪在犯罪主观上的表现是故意，即行为人从被监押的场所逃跑，脱离监管的行为是故意行为，过失不构成本罪。

曾某有故意脱逃的行为发生，妨害了司法机关的正常管理秩序。

所以，不要小看了这短短50米的距离。距离虽短，但改变不了曾某已经犯有脱逃罪的事实。

98. 不赔偿损失可申请先予执行吗？

案例

李某是山区农民，在杨某、杜某和舒某3人合伙经营的砖瓦窑打工，有天不小心砸伤了脚，花去2万多元的医疗费，且还在治疗。在李某住院之初，杜某拿出了6 000块钱，后来就没有再拿了。现在李某家里已经没有能力再支付医疗费了。请问：李某应该怎么办？

法律解析

该砖瓦窑属于自然人普通合伙企业，李某与该砖瓦窑形成的是雇佣法律关系。《合伙企业法》规定：合伙企业对其债务，应先以其全部财产进行清偿；合伙企业不能清偿到期债务的，合伙人承担无限连带责任。最高人民法院《关于审理人身损害赔偿案件适用法律若干问题的解释》规定："雇员在从事雇佣活动中是否因自己的过失而受到伤害，雇主都应赔偿。"

根据上述规定，该砖瓦窑应当以其财产进行赔偿。如果其不足以赔偿损失的，3位合伙人应当以个人财产进行赔偿，且是承担连带赔偿责任。因此，李某现在可先向法院起诉，并申请先予执行医疗费用，以解燃眉之急。

99. 没有过错造成他人受到伤害就不承担责任吗？

案例

前不久，李某从村内道路对面向家中接自来水管道，为了方便群众通行，他利用晚上时间在道路上开挖了一条深2米、宽1米多的坑道，并悬挂了警示红灯，铺垫了可通行的跳板。第二天凌晨，王某骑自行车路过此地，因其患有色盲症，对坑道上的红灯缺乏辨别，遂摔入坑道，导致右小腿骨折，自行车损坏。经一个月的住院治疗，王某花去医疗费3 150元，王某要求李某赔偿自己的损失。但李某认为，坑道上已经设置了明显的警示标志，自己没有过错，故拒绝赔偿。于是，王某起诉到法院。法院审理后，依法判决李某赔偿王某医药费、误工费等计人民币1 800元。李某弄不明白，明明已经采取了防范措施，为何还要吃“官司”呢？

法律解析

我国《民法通则》规定："在公共场所、旁道或者道上挖坑道、修缮安装地下设施等，没有设置明显标志和采取安全设施造成他人损害的，施工人应当承担民事责任。"根据这一规定，设置明显标志和采取安全设施，是在公共场所、旁道或者通道上挖坑、修缮安装地下设施的施工人的义务，违反这种义务，即构成违法行为。

在本案中，李某作为施工人已经履行了义务，即经有关部门许可，且采取了安全设施，设置了明显的警示标志，主观上并不存在过错，所以本案不构成施工造成损害的民事责任。

但是，王某患有色盲症，是生理上的缺陷，对李某的安全标识无法正确认识，即王某主观上也不存在过错。《民法通则》中公平责任原则规定，当事人双方在对造成损害均无过错，法律又无特别规定适用无过错责任时，由法院根据公平观念，在考虑当事人的财产状况及其他情况的基础上，责令加害人对受害人的财产损失给予适当的补偿，由当事人合理地分担损失。因此，法院判决由李某承担部分责任，既合情合理，也符合民法的公平责任原则。

100. 村民委员会必须提请村民会议讨论决定的七个事项是什么？

法律解析

我国《村民委员会组织法》第19条明确规定了村民委员会必须提请村民会议讨论决定的7个方面事项：

（1）本村享受误工补贴的人数及补贴标准。

（2）村集体经济所得收益的使用。

（3）村办学校、村建道路等村公益事业的经费筹集方案。

（4）村集体经济项目的立项、承包方案及村公益事业的建设承包方案。

（5）村民的承包经营方案。

（6）宅基地的使用方案。

（7）村民会议认为应当由村民会议讨论决定的涉及村民利益的其他事项。

101. 农机出现故障造成人身、财产损害，生产者和销售者要承担什么责任？

案例

2011年10月12日，有20多名消费者联名投诉，消费者称在平度市某农机市场购买的20余台某品牌玉米收割机因质量问题在使用过程中无法正常作业，多次维修仍未排除故障，还有一个消费者在排除故障过程中，腿被扎伤。请问：农机出现故障造成人身、财产损害，生产者和销售者要承担什么责任？

法律解析

（1）我国《产品质量法》第41条规定：因产品存在缺陷造成人身、缺陷产品以外的其他财产（以下简称“他人财产”）损害的，生产者应当承担赔偿责任。

生产者能够证明有下列情形之一的，不承担赔偿责任：

①未将产品投入流通的；

②产品投入流通时，引起损害的缺陷尚不存在的；

③将产品投入流通时的科学技术水平尚不能发现缺陷的存在的。

（2）第42条规定：由于销售者的过错使产品存在缺陷，造成人身、他人财产损害的，销售者应当承担赔偿责任。销售者不能指明缺陷产品的生产者，也不能指明缺陷产品的供货者的，销售者应当承担赔偿责任。

（3）第43条规定：因产品存在缺陷造成人身、他人财产损害的，受害人可以向产品的生产者要求赔偿，也可以向产品的销售者要求赔偿。

所以，属于产品生产者的责任，产品销售者赔偿后有权向生产者追偿；属于销售者责任，产品生产者赔偿后，有权向产品的销售者追偿。

102. 农资产品出现质量问题，农民应当如何搜集证据保护自己的权利？

法律解析

农民发现农资产品质量有问题，应当搜集如下证据：

（1）保护现场，用照相、录像、寻找见证人等方式来对现场予以保留。如购买的农机出现故障，致人伤亡，那么就可以采取录像、照相的方式来记录现场。寻找见证人，应当注意寻找与自己没有利害关系的人，如没有关系的村干部等。

（2）尽快与销售者取得联系，要求对方派人处理，尽快向有

关部门投诉。留下联系投诉记录，用于证明产品质量纠纷的发生经过。

（3）保留发票及农资产品包装、使用说明书、标签、三包凭证、没有使用完的剩余农资产品等。

（4）尽快申请产品质量鉴定，同时通知销售者派人参加。产品质量鉴定往往具有时效性，时间拖得过长，可能就无法鉴定出产品质量是否有问题。

（5）保留处理纠纷支出费用的票据，如交通费、鉴定费等。

（6）搜集证明自己损失的证据。如种子不发芽造成的损失，可以搜集同期农产品市场价格来证明自己的可得利益损失。

103. 用"瘦肉精"喂猪是犯罪行为吗？

案例

海子是养猪大户，一个偶然的机会，他发现邻村李某家的猪养得非常好，便去讨教窍门。李某说，他在猪饲料中加了"瘦肉精"促长剂。前不久，县里相关的部门对周边所养的猪进行检查，只要发现猪的尿液中有这种物质，就将猪扣押，还说要追究养猪人的责任。海子养的猪虽说没有添加这种物质，但也吓了一跳，海子不明白，他们的说法正确吗？

法律解析

最高人民法院、最高人民检察院《关于办理非法生产、销售、使用禁止在饲料和动物饮用水中使用的药品等刑事案件具体应用法律若干问题的解释》规定，使用盐酸克伦特罗等禁止在饲

料和动物饮水中使用的药品或者含有该类药品的饲料养殖供人食用的动物，或者销售明知是使用该类药品或者含有该类药品的饲料养殖的供人食用的动物的，依照《刑法》的规定，以生产、销售有毒、有害食品罪追究刑事责任。值得注意的是，由于该罪是行为犯，即只要行为人实施了在生产、销售食品中掺入有毒、有害的非食品原料或者销售明知掺有有毒的、有害的非食品原料的食品行为，就构成犯罪既遂，而不论该行为是否造成严重危害。因此，有关部门的说法是正确的，切不可以身试法。

104. 家犬伤人，谁该承担责任？

案例

前几天，小亮路过一条巷子，巷内一家住户养的狗突然窜出来，咬破了小亮的裤子，还将他的小腿咬伤了。为此，他先后花去医药费、交通费及误工工资等1 700多元。那天，他只是静静地行走在这条巷子里，并没有招惹这条狗。请问，他应该自认倒霉，还是应该找谁索赔？

法律解析

我国《民法通则》第27条规定："饲养的动物对人发生伤害的，动物的所有人或管理人应当承担赔偿责任；由于受害人的过错造成损害的，动物的饲养人或管理人不应当承担民事责任。由于第三者的过错造成的，第三者应承担民事责任。"

这就是说，公民的人身或财产等合法权益受到饲养动物的侵害时，在一定条件下，受害人可以向动物的所有人或管理人要求赔偿。一定条件是指：第一，确实受到了动物的侵害；第二，因侵害而导致了人身和财产的损失；第三，受害人本人没有过错，当事人也没有过错。

小亮在没有任何过错的情况下被狗咬伤，花费了医药费、交通费以及误工工资等，这些费用只要是治疗咬伤所必要的，就有权要求狗的饲养人予以赔偿。如果他们拒不赔偿，小亮可以诉请人民法院处理。

105. 出现民事纠纷，通常有几种解决方式？

法律解析

在农村，村民之间的民事纠纷主要集中在家庭纠纷、房屋纠纷以及经济纠纷等方面。受传统观念的影响，中国人不爱打官司，农民就更是如此了，追求的是“大事化小，小事化了”。

在现实生活中，民事主体间发生矛盾和纠纷有四种解决途径：

第一，协商解决。双方当事人在平等自愿的基础上，通过友好协商、互谅互让达成和解协议，进而解决纠纷。

第二，调解解决。在有关组织（如人民调解委员会）或中间人的主持下，在平等、自愿、合法的基础上分清是非、明确责任，并通过摆事实、讲道理，促使双方当事人自主达成协议，从而解决纠纷。

第三，仲裁解决。纠纷当事人根据纠纷前或者后达成的仲裁协议或合同中仲裁条款向仲裁机构提出申请，由仲裁机构依法审理，做出裁决，并通过当事人对裁决的自觉履行或由一方向人民法院申请强制执行而使纠纷得以解决。

第四，诉讼解决。通过打官司解决，它指纠纷当事人一方依法向人民法院起诉，由法院依法审理，做出判决或裁定，通过当事人对生效裁判的自觉履行或人民法院的强制执行而解决纠纷。

106. 占用公路晒稻谷，引发事故要担责任吗？

案例

两个月前的一天，周某将刚收割的稻谷摊在自家门前的公路上晾晒。当天上午，李某骑摩托车经过时，因车轮打滑，摔到路边沟里，造成李某重伤、摩托车损坏。请问，这种情况周某是否要赔偿？

法律解析

我国《公路法》规定，任何单位和个人不得在公路上及公路用地范围内摆摊设点、堆放物品、倾倒垃圾、设置障碍、挖沟引水、利用公路边沟排放污物或者进行其他损坏、污染公路和影响公路畅通的活动。《侵权责任法》规定："行为人因过错侵害他人民事权益，应当承担侵权责任。"周某占用道路晾晒稻谷的行为使李某不能在正常行车道上行驶，从而引发交通事故，具有过错，依法应该赔偿。

107. 孩子捡哑炮被炸伤，谁该承担责任？

案例

今年正月十五，刘某在自家门前放完鞭炮后，便回家吃饭去了，很多没有响过的鞭炮散落了一地。林家6岁的儿子和其他几个孩子看见后，便一起去捡落在地上没有响过的鞭炮玩。突然，林家儿子手里拿的一个没有响过的鞭炮炸响，林家儿子的手掌顿时血肉模糊。家长将儿子送往医院治疗，花去医疗费5 000多元。家长为此事找到刘某，要求他承担儿子的医疗费，但他却说鞭炮是林家儿子自己捡的，跟他没有关系。难道林家该自认倒霉吗？

法律解析

第一，刘某所燃放的鞭炮在点燃时没响，却在点燃后一段时间炸响，很明显是有质量缺陷的产品。《侵权责任法》规定，因产品存在缺陷造成损害的，被侵权人可以向产品的生产者请求赔偿，也可以向产品的销售者请求赔偿。根据上述法律规定，可以要求该鞭炮的生产厂家或者销售商承担赔偿责任。第二，《侵权责任法》也规定："行为人因过错侵害他人民事权益，应当承担侵权责任。"从本案的情况来看，刘某是有过错的。因为燃放鞭炮是一种具有危险性的活动，尤其是在周围有小孩子的情况下，作为成人，刘某在放完鞭炮后，应当预见到周围的小孩子有可能会去捡没有响过的鞭炮，从而发生危险，但他却疏忽了这一问题。第三，《侵权责任法》还规定："被侵权人对损害的发生也有过错的，可以减轻侵权人的责任。"作为受害者一方，林家儿子系不满10周岁的未成年人，缺乏自我保护和控制能力，根据他的经验、智力等状况，是不可能预见到拣哑炮可能带来的危害后果的，因此不存在主观上的过错。但家长作为孩子的监护人，放任孩子到比较危险的地方去看热闹，这与孩子因拣没有响过的鞭炮被炸伤具有一定的因果关系。在孩子的监护上具有漏洞，没有尽到监护职责，也是有一定过错的，故亦应自担一部分责任。

附件：

一、咨询热线

1. 青少年维权与心理咨询公益服务热线：12355
2. 职工维权热线：12351
3. 劳动权益保护热线：12351
4. 消费者投诉热线：12315
5. 妇女维权热线：12338
6. 中国环保热线：12369
7. 价格举报热线：12358
8. 防伪查询中心热线：12365
9. 文化市场举报热线：12318
10. 全国公共卫生公益热线：12320
11. 网络不良与垃圾信息举报热线：12321
12. 人力资源和社会保障服务热线：12333

二、法律服务热线

1. “12348”法律服务专线，是由司法部批准各省、自治区、直辖市司法行政部门设立和管理的法律服务热线电话。“148”即“要司法”的谐音。

2. 北京市法律援助网（http://www.bjlegalaid.gov.cn）。“在线法律咨询”栏目是“12348”法律服务专线提供的在线服务平台，由律师免费为网民解答法律问题。

3. 徐滔法律服务网：www.xutao.com。

参 考 文 献

吴梅艳．如何审理不服土地仲裁裁决的诉讼．

http://ahhyfy，chinacourt，org/public/detail，php?id=5717．

周晖．2011．现代农业政策法规［M］．北京：中国农业科学技术出版社．

周晖．2011．农村土地政策与管理［M］．北京：中国农业科学技术出版社．

http://www，baidu，com/s?tn=06008006_2_pg&wd=%CD%C1%B5%D8%B3%D0%B0%FC+%CD%BC%C6%AC．

图书在版编目（CIP）数据

农村法律100问/中国农学会组编．—北京：中国农业出版社，2014.12（2018.6重印）
（农村妇女科学素质提升行动科普丛书）
ISBN 978-7-109-19721-3

Ⅰ．①农…　Ⅱ．①中…　Ⅲ．①法律－中国－问题解答
Ⅳ．①D920.5

中国版本图书馆CIP数据核字（2014）第250752号

中国农业出版社出版
（北京市朝阳区麦子店街18号楼）
（邮政编码 100125）
责任编辑　孟令洋　郭　科

中国农业出版社印刷厂印刷　　新华书店北京发行所发行
2014年12月第1版　　2018年6月北京第12次印刷

开本：889mm×1194mm 1/32　　印张：4.5
字数：150千字
定价：25.00元